今注本二十四史

漢書

漢 班固 撰 唐 顏師古 注

孫曉 主持校注

中國社會科學出版社

四

表【二】

漢書　卷一四

諸侯王表第二

　　昔周監於二代，[1]三聖制法，[2]立爵五等，[3]封國八百，同姓五十有餘。周公、康叔建於魯、衛，各數伯里；[4]太公於齊，亦五侯九伯之地。[5]《詩》載其制曰："介人惟藩，大師惟垣。大邦惟屏，大宗惟翰。懷德惟寧，宗子惟城。毋俾城壞，毋獨斯畏。"[6]所以親親賢賢，褒表功德，[7]關諸盛衰，深根固本，爲不可拔者也。故盛則周、邵相其治，[8]致刑錯；衰則五伯扶其弱，與共守。[9]自幽、平之後，日以陵夷，[10]至虖陁隔河洛之間，[11]分爲二周，[12]有逃責之臺，被竊鈇之言。[13]然天下謂之共王，[14]彊大弗之敢傾。[15]歷載八百餘年，數極德盡，既於王赧，[16]降爲庶人，用天年終。號位已絕於天下，尚猶枝葉相持，莫得居其虛位，海内無主三十餘年。[17]

[1]【顔注】師古曰：監，視也。二代，夏、殷也。

[2]【顔注】師古曰：三聖謂文王、武王及周公也。

[3]【顔注】師古曰：公、侯、伯、子、男。

[4]【今注】案，伯，大德本同，蔡琪本、殿本作"百"。

[5]【顏注】臣瓚曰：《禮記·王制》云："五國以爲屬，屬有長；二百一十國以爲州，州有伯。"師古曰：五侯，五等諸侯也。九伯，九州之伯也。伯，長也。【今注】案，何焯《義門讀書記》卷一六謂《左傳》但言"五侯九伯，汝實征之"，非兼有其地，蓋班氏誤也。若魯、衞各數百里，則以方計之耳。王先謙《漢書補注》引《史記·漢興以來諸侯王年表》云："太公於齊，兼五侯地。"

[6]【顏注】師古曰：《大雅·板》之詩也。介，善也。藩，籬也。屏，蔽也。垣，牆也。翰，幹也。懷，和也。俾，使也。以善人爲之藩籬，謂封周公、康叔於魯、衞；以太師爲垣牆，謂封太公於齊也。大邦以爲屏蔽，謂成國諸侯也；大宗以爲楨幹，謂王之同姓也。能和其德則天下安寧，分建宗子則列城堅固。城不可使墮壞，宗不可使單獨。單獨墮壞，則畏懼斯至（太師，蔡琪本、大德本同，殿本作"大師"）。

[7]【顏注】師古曰：親賢俱封，功德並建。

[8]【今注】周邵：周公、召公。

[9]【顏注】師古曰：伯讀曰霸。此五霸謂齊桓、宋襄、晉文、秦穆、吳夫差也。【今注】案，《漢書考證》齊召南謂五霸之説不一。通三代言，曰夏昆吾，商大彭、豕韋，周齊桓、晉文，《異姓諸侯王表》"適戍彊於五伯"注是也。此文專言周衰，故注異解。其不數楚莊而數吳夫差者，楚僭王，未有扶弱之事；吳夫差黃池之會嘗共貢職於周也。

[10]【顏注】師古曰：陵夷，言如山陵之漸平。夷謂頹替也。【今注】幽平：周幽王、周平王。

[11]【顏注】應劭曰：院者，狹也。嘔者，踦嶇也。西迫强秦，東有韓魏，數見侵暴，踦嶇不安也。師古曰：院，音於懈反。嘔音區。

[12]【顏注】師古曰：謂東西二周也。

[13]【顏注】服虔曰：周赧王負責，無以歸之，王迫責急，乃逃於此臺，後人因以名之。劉德曰：洛陽南宮謻臺是也。應劭曰：竊鈇，謂出至路邊竊取人鈇也。師古曰：應說非也。鈇鉞，王者以爲威，用斬戮也。言周室衰微，政令不行於天下，雖有鈇鉞，無所用之，是謂私竊隱藏之耳。被，音皮義反。鈇，音膚。謻，音移，又直移反（王迫責急，蔡琪本、大德本、殿本作"主迫責急"；又直移反，蔡琪本、大德本同，殿本作"又音直移反"）。【今注】案，沈欽韓《漢書疏證》謂此言王者大柄爲人所竊。

[14]【顏注】如淳曰：雖至微弱，猶共以爲之主。

[15]【顏注】師古曰：言諸侯雖彊大者，不敢傾滅周也。

[16]【顏注】師古曰：既亦盡也。赧，慙也，一曰名也，音女版反。【今注】王赧：戰國時周國君。姬姓，名延。顯王孫，慎靚王子。時周已分東周、西周兩小國。赧王名爲天子，實寄居於西周。西周武公盡獻其地於秦，王亦卒，周王朝亡。在位五十九年。

[17]【顏注】師古曰：秦昭襄王五十二年周初亡，五十六年昭襄王卒，孝文王立一年而卒，莊襄王立四年而卒，子政立二十六年而乃并天下，自號始皇帝。是爲三十五年無主也。

秦據執勝之地，騁狙詐之兵，[1]蠶食山東，壹切取勝。[2]因矜其所習，自任私知，姍咲三代，[3]盪滅古法，[4]竊自號爲皇帝，而子弟爲疋夫，[5]內亡骨肉本根之輔，外亡尺土藩翼之衞。陳、吳奮其白挺，[6]劉、項隨而斃之。[7]故曰，周過其歷，秦不及期，國執然也。[8]

[1]【顏注】應劭曰：狙，伺也，因閒伺隙出兵也。狙音若蛆（殿本"蛆"後有"反"字）。師古曰：音千絮反。【今注】案，王念孫《讀書雜志·漢書第十六》認爲，應分"狙""詐"爲二義，非也。狙詐，疊韻字，狙亦詐也。

[2]【顏注】師古曰：蠶食，解在《異姓諸侯王表》。壹切，解在《平紀》也。

[3]【今注】案，咲，蔡琪本、大德本同，殿本作"笑"。

[4]【顏注】師古曰：姍，古訕字也。訕，謗也，音所諫反，又音删。

[5]【今注】案，疋，大德本同，蔡琪本、殿本作"匹"。

[6]【顏注】應劭曰：白挺，大杖也。《孟子》書曰"可使制挺以撻秦楚"是也。師古曰：挺音徒鼎反。【今注】陳吳：陳勝、吳廣。二人事迹見《史記》卷四八《陳涉世家》。

[7]【今注】劉項：劉邦、項羽。劉邦，紀見本書卷一、《史記》卷八。項羽，傳見本書卷三一，紀見《史記》卷七。

[8]【顏注】應劭曰：武王克商，卜世三十，卜年七百，今乃三十六世，八百六十七歲，此謂過其歷者也。秦以謚法少，恐後世相襲，自稱始皇，子曰二世，欲以一迄萬，今至子而亡，此之爲不及期也。

漢興之初，海内新定，同姓寡少，懲戒亡秦孤立之敗，於是剖裂疆土，二等之爵。[1]功臣侯者百有餘邑，尊王子弟，大啓九國。[2]自鴈門以東，[3]盡遼陽，爲燕、代。[4]常山以南，[5]大行左轉，度河、濟，漸于海，爲齊、趙。[6]穀、泗以往，奄有龜、蒙，爲梁、楚。[7]東帶江、湖，薄會稽，爲荆吳。[8]北界淮瀕，略廬、衡，爲淮南。[9]波漢之陽，亘九嶷，爲長沙。[10]諸侯比境，周帀三垂，外接胡越。[11]天子自有三河、東郡、潁川、南陽，[12]自江陵以西至巴蜀，北自雲中至隴西，與京師内史凡十五郡，[13]公主、列侯頗邑其中。[14]而藩國大者夸州兼郡，連城數十，[15]宮室百官同制京師，[16]可謂撟抂過其正矣。[17]雖然，高祖創業，日不暇給，孝惠享國又淺，高后女主攝位，而海內晏如，[18]亡狂狡之憂，卒折諸呂之難，成太宗之業者，[19]亦賴之於諸侯也。

[1]【顏注】項羽曰：漢封功臣，大者王，小者侯也。【今注】案，蔡琪本、大德本同，殿本"二"前有"立"字。又陳景雲《兩漢訂誤》卷一謂"項羽"，疑"項昭"之誤。朱一新《漢書管見》稱《史記·漢興以來諸侯王年表》集解引作"韋昭"。陳直《漢書新證》謂"羽"字與"昭"字形最相近，陳說是也。《漢書》中項昭注存者至少，與《嚴助傳》注，祇見二事。

[2]【顏注】師古曰：九國之數在下也。

[3]【今注】鴈門：郡名。治善無（今山西左玉縣東南）。

[4]【顏注】師古曰：遼陽，遼水之陽也。

[5]【今注】常山：郡名。治元氏（今河北元氏縣西北）。

[6]【顏注】師古曰：太行，山名也。左轉，亦謂自太行而東也。漸，入也，一曰浸也。行音胡剛反。漸音子廉反，亦讀如本字。【今注】案，王先謙《漢書補注》謂"漸于海"，《史記·漢興以來諸侯王年表》作"阿、甄以東薄海"。

[7]【顏注】晉灼曰：《水經》云泗水出魯卞縣。臣瓚曰：穀在彭城，泗之下流為穀水。師古曰：奄，覆也。龜、蒙，二山名（山名，蔡琪本、大德本同，殿本作"水名"）。

[8]【顏注】文穎曰：即今吳也。高帝六年為荊國，十年更名吳。師古曰：荊吳，同是一國也。

[9]【顏注】師古曰：瀕，水涯也，音頻，又音賓。廬、衡，二山名也。

[10]【顏注】鄭氏曰：波，音"陂澤"之"陂"。孟康曰：亘，竟也，音古贈反。師古曰：彼漢之陽者，循漢水而往也。水北曰陽。波，音彼皮反，又音彼義反。九嶷，山名，有九峰，在零陵

營道。"嶷"音"疑"（彼漢之陽，蔡琪本、大德本、殿本作"波漢之陽"）。【今注】案，王先謙《漢書補注》謂《史記・漢興以來諸侯王年表》作"自陳以西，南至九疑，東帶江、淮、穀、泗，薄會稽，爲梁、楚、吳、淮南、長沙國"；班氏剖析更明了。

［11］【顏注】師古曰：比謂相接次也。三垂，謂北東南也。比音頻寐反。

［12］【顏注】師古曰：三河，河東、河南、河內也。【今注】三河：指河南、河東、河內三郡，相當於今河南北部、中部及山西西南部地區。在十三州之外，由司隸校尉部負責監察。河南郡，即秦三川郡，治雒陽（今河南洛陽市東北）。河內郡，治懷縣（今河南武陟縣西南）。河東郡，治安邑（今山西夏縣西北）。　東郡：治濮陽縣（今河南濮陽市西南）。　潁川：郡名。治陽翟（今河南禹州市）。　南陽：郡名。治宛縣（今河南南陽市宛城區）。

［13］【今注】江陵：縣名。治所在今湖北江陵縣西北。　巴蜀：兩郡名。巴郡治江州（今重慶市江北區），蜀郡治成都（今四川成都市）。　雲中：郡名。治雲中（今內蒙古呼和浩特市西南）。　隴西：郡名。治狄道（今甘肅臨洮縣）。　內史：秦置，京畿附近由內史治理，以官名爲名，不稱郡。治咸陽（今陝西咸陽市東北）。轄境約今陝西省關中平原。西漢景帝時分爲左、右內史與主爵都尉，武帝時又改爲京兆尹、左馮翊、右扶風，合稱三輔。案，《漢書考證》齊召南謂此以秦地計之，於三十六郡中得十五郡也。內史，一；河東，二；河南、河內，即三川郡，三；東郡，四；潁川，五；南陽，六；南郡，七；蜀郡，八；巴郡，九；漢中，十；隴西，十一；北地，十二；上郡，十三；雲中，十四；以《史記・漢興以來諸侯王年表》言"內地北距山以東盡諸侯地"推之，則上黨郡十五也。若計高帝所自立之郡，則不止於十五矣。

［14］【顏注】師古曰：十五郡中又往往有列侯、公主之邑。【今注】案，王先謙《漢書補注》謂《史記・漢興以來諸侯王年表》"邑"上有"食"字。

[15]【顏注】師古曰："夸"音"跨"。

[16]【今注】案，陳直《漢書新證》謂賈誼《新書》云："天子之與諸侯，臣同，御同，宮牆門衛同。"《漢書・百官公卿表》亦云，王國都官如漢朝。與本文同。現臨菑出土封泥，爲齊悼惠王以後物，公卿完備，尤爲具體。

[17]【顏注】師古曰：撟與矯同。抂，曲也。正曲曰矯。言矯秦孤立之敗而大封子弟，過於强盛，有失中也（抂，大德本同，蔡琪本、殿本作"枉"）。【今注】案，抂，大德本同，蔡琪本、殿本作"枉"。

[18]【顏注】師古曰：晏如，安然也。

[19]【今注】太宗：漢文帝。

然諸侯原本以大，末流濫以致溢，小者淫荒越法，大者暌孤横逆，以害身喪國。[1]故文帝采賈生之議分齊、趙，[2]景帝用鼂錯之計削吴、楚。[3]武帝施主父之册，下推恩之令，[4]使諸侯王得分户邑以封子弟，不行黜陟，而藩國自析。自此以來，齊分爲七[5]趙分爲六，[6]梁分爲五，[7]淮南分爲三。[8]皇子始立者，大國不過十餘城。長沙、燕、代雖有舊名，皆亡南北邊矣。[9]景遭七國之難，抑損諸侯，減黜其官。[10]武有衡山、淮南之謀，作左官之律，[11]設附益之法，[12]諸侯惟得衣食税租，不與政事。[13]

[1]【顏注】師古曰：《易・暌卦》九四爻辭曰"暌孤，見豕負塗"。暌孤，乖刺之意。暌音工攜反（乖，蔡琪本、大德本同，殿本作"垂"）。

[2]【今注】賈生：傳見本書卷四八。

〔3〕【今注】鼂錯：傳見本書卷四九。

〔4〕【今注】主父：即主父偃。傳見本書卷六四上。　推恩之令：漢武帝下令允許諸侯王將封地分給子弟，以弱其國，強化中央集權。

〔5〕【顏注】師古曰：謂齊、城陽、濟北、濟南、淄川、膠西、膠東也。

〔6〕【顏注】師古曰：謂趙、平原、真定、中山、廣川、河閒也。【今注】案，《漢書考證》齊召南謂"平原"應作"平干"。漢世無平原王。平干即武帝征和二年封趙敬肅王小子偃者。各本俱訛。又《史記》徐廣注云"河閒、廣川、中山、常山、清河"也，此說較師古爲長。齊分爲七，淮南分爲三，文帝十五年事也。趙分爲六，至景帝中四年而全。梁分爲五，則中五年事也。師古不數常山、清河，而數武帝時所封之平干、真定，非是。

〔7〕【顏注】師古曰：謂梁、濟川、濟東、山陽、濟陰也。

〔8〕【顏注】師古曰：謂淮南、衡山、廬江。

〔9〕【顏注】如淳曰：長沙之南更置郡，燕、代以北更置緣邊郡。其所有饒利、兵馬、器械，三國皆失之也。

〔10〕【顏注】師古曰：謂改丞相曰相，省御史大夫、廷尉、少府、宗正、博士，損大夫、謁者諸官長丞員等也。

〔11〕【顏注】服虔曰：仕於諸侯爲左官，絶不得使仕於王侯也。應劭曰：人道上右，今舍天子而仕諸侯，故謂之左官也。師古曰：左官猶言左道也。皆僻左不正，應説是也。漢時依上古法，朝廷之列以右爲尊，故謂降秩爲左遷，仕諸侯爲左官也。【今注】案，王鳴盛《十七史商榷》卷二三認爲，周昌爲趙相，高帝曰"吾極知其左遷"。漢人尚右，則誠然矣；若謂自古皆然，則師古之妄也。男左女右，法乎天地，顯然當尚左。所以有尚右者，其説有二。吉事尚左，凶事尚右。吳仁傑據《禮記·檀弓》孔子有姊之喪，故拱而尚右；又兵車則尚右，乘車仍尚左，漢初人習於兵革，故相沿尚右。其説確矣。又一説，古宫室之制，前堂後室。室中以東向爲

尊，户在其東南，牖在其西南。堂以南面爲尊，王位在户外之西，牖外之東，所謂户牖之間南向坐也。人君在堂上，自然東爲尊，西爲卑。及入户在室中，在東者近户出入處，其勢又以坐西而東向者爲尊矣。而分侍兩旁者，則北爲上，南爲下。如漢宫室之制，未大變古。故周勃、田蚡皆自坐東向，蓋寬饒東向特坐。《項羽紀》，沛公見項王鴻門，項王東向坐，亞父南向坐，沛公北向坐，張良西向侍，其坐次尊卑歷然。此雖在軍中，亦放室中之制耳。

[12]【顏注】張晏曰：律鄭氏説，封諸侯過限曰附益。或曰阿媚王侯，有重法也。師古：附益者，蓋取孔子云“求也爲之聚斂而附益之”之義也，皆背正法而厚於私家也。

[13]【顏注】師古曰：與讀曰豫。【今注】與：干預。

至於哀、平之際，皆繼體苗裔，親屬疏遠，[1]生於帷牆之中，[2]不爲士民所尊，埶與富室亡異。而本朝短世，國統三絶，[3]是故王莽知漢中外殫微，本末俱弱，[4]亡所忌憚，生其姦心；因母后之權，[5]假伊周之稱，顓作威福廟堂之上，不降階序而運天下。[6]詐謀既成，遂據南面之尊，分遣五威之吏，馳傳天下，班行符命。漢諸侯王厥角稽首，[7]奉上璽韍，惟恐在後，[8]或迺稱美頌德，以求容媚，豈不哀哉！是以究其終始彊弱之變，明監戒焉。

[1]【顏注】師古曰：言非始封之君，皆其後裔也，故於天子益疏遠矣。

[2]【今注】帷：沈欽韓《漢書疏證》謂帷即在旁四垂者。言不見外物也。

[3]【顏注】師古曰：謂成、哀、平皆早崩，又無繼嗣。

　　［4］【顏注】師古曰：殫，盡也，音單。

　　［5］【今注】母后：謂元后王政君。傳見本書卷九八。

　　［6］【顏注】師古曰：序謂東西廂。頫與專同。【今注】不降階序：猶言足不出户。

　　［7］【顏注】應劭曰：厥者，頓也。角者，額角也。稽首，首至地也。言王莽漸漬威福日久，亦值漢之單弱，王侯見莽篡弑，莫敢怨望，皆頓角稽首至地而上其璽綬也。晉灼曰：厥猶豎也，叩頭則額角豎。師古曰：應說是也。詣音口禮反，與稽同。【今注】詣：錢大昭《漢書辨疑》引《説文》：“𥡸，下首也。”“詣”“𥡸”同，皆古“稽”字。

　　［8］【顏注】師古曰：韍，音弗，璽之組也。

號諡	楚元王交[2]	
屬	高帝弟。[3]	
始封	六年正月丙午立，二十三年薨。	
子	孝文二年，夷王郢客嗣，四年薨。	孝景四年，文王禮以元王子平陸侯紹封，三年薨。[4]
孫	六年，王戊嗣，二十一年，孝景三年，反，誅。	七年，安王道嗣，二十二年薨。
曾孫		元朔元年，襄王注嗣，十二年薨。[5]
玄孫		元鼎元年，節王純嗣，十六年薨。[6]
六世		天漢元年，王延壽嗣，三十二年，地節元年，謀反，誅。
七世[1]		

代王喜[7]	齊悼惠王肥[9]
高帝兄。	高帝子。
正月壬子立，七年，爲匈奴所攻，棄國自歸，廢爲郃陽侯，孝惠二年薨。	正月壬子立，十三年薨。[10]
吳 高祖十二年十月辛丑，王濞以故代王子沛侯立，四十二年，孝景三年，反，誅。[8]	孝惠七年，哀王襄嗣，十二年薨。[11]
	孝文二年，文王則嗣，十四年薨，亡後。

孝文十六年，孝王將閭以悼惠王子揚虛侯紹封，十一年薨。[12]	城陽 孝文二年二月乙卯，景王章以悼惠王子朱虛侯立，二年薨。[15]
孝景四年，懿王壽嗣，二十二年薨。[13]	四年，共王喜嗣，八年，徙淮南，四年，復還，凡三十三年薨。[16]
元光四年，屬王次昌嗣，五年薨，亡後。[14]	孝景後元年，頃王延嗣，二十六年薨。[17]
	元狩六年，敬王義嗣，九年薨。
	元封三年，惠王武嗣，十一年薨。
	天漢四年，荒王順嗣，四十六年薨。[18]

八世 甘露三年，戴王恢嗣，八年薨。	
九世 永光元年，孝王景嗣，二十四年薨。	
十世 鴻嘉二年，哀王雲嗣，一年薨，亡後。永始元年，王俚以雲弟紹封，二十五年，王莽篡位，貶爲公，明年廢。[19]	

濟北
二月乙卯，王興居以悼惠王子東牟侯立，二年謀反，誅。

菑川 十六年四月丙寅，懿王志以悼惠王子安都侯立爲濟北王，十一年，孝景四年，徙菑川，三十五年薨。
元光六年，靖王建嗣，二十年薨。
元封二年，頃王遺嗣，三十五年薨。
元平元年，思王終古嗣，二十八年薨。[20]
初元三年，考王尚嗣，六年薨。[21]
永光四年，考王烘嗣，三十一年薨。[22]

八世 元延四年，懷王友嗣，六年薨。[23]	濟北 四月丙寅，王辟光以悼王子扐侯立，十一年反，誅。[24]
九世 建平四年，王永嗣，十二年，王莽篡位，貶爲公，明年廢。	

菑川 四月丙寅，王賢以悼惠王子武成侯立，十一年反，誅。	膠西 四月丙寅，王卬以悼惠王子平昌侯立，十一年反，誅。

	荆王賈
	高帝從父弟。[26]
	六年正月丙午立，六年十二月，爲英布所攻，亡後。[27]
膠東 四月丙寅，王熊渠以悼惠王子白石侯立，十一年反，誅。[25]	

淮南厲王長
高帝子。
十一年十月庚午立，二十三年，孝文六年，謀反，廢徙蜀，死雍。
十六年四月丙寅，王安以厲王子阜陵侯紹封，四十二年，元狩元年，謀反，自殺。[28]

衡山
四月丙寅，王賜以厲王子陽周侯立爲廬江王，十二年，徙衡山，三十四年，謀反，自殺。[29]

	趙隱王如意[32]
	高帝子。
	九年四月立，十二年，爲呂太后所殺，亡後。[33]
濟北 四月丙寅，王勃以屬王子安陽侯立爲衡山王，十二年，徙濟北，一年薨，諡曰貞王。	
孝景六年，成王胡嗣，五十四年薨。[30]	
天漢四年，王寬嗣，十一年，後二年，謀反，自殺。[31]	

代王[34]	趙共王恢[35]
高帝子。	高帝子。
十一年正月丙子立，十七年，高后八年，爲皇帝。	十一年三月丙午，爲梁王，十六年，高后七年，徙趙，其年自殺，亡後。[36]

趙幽王友	
高帝子。	
十一年三月丙寅，立爲淮陽王，二年，徙趙，十四年，高后七年，自殺。	
孝文元年，王遂以幽王子紹封，二十六年，孝景三年，反，誅。[37]	河間 孝文二年一月乙卯，文王辟彊以幽王子立，十三年薨。[38]
	十五年，哀王福嗣，一年薨，亡後。

燕靈王建	燕敬王澤	右高祖十一人。吴隨父，凡十二人。[41]
高帝子。	高帝從祖昆弟。	
十二年二月甲午立，十五年，高后七年，薨。吕太后殺其子。	高后七年，以營陵侯立爲琅邪王，二年，孝文元年，徙燕，二年薨。	
	三年，康王嘉嗣，二十六年薨。[39]	
	孝景六年，王定國嗣，二十四年，坐禽獸行，自殺。[40]	

梁懷王揖[42]	梁孝王武
文帝子。	文帝子。
二年二月乙卯立，十年薨，亡後。[43]	二月乙卯，立爲代王，三年，徙爲淮陽王，十年，徙梁，三十五年薨。
	孝景後元年，恭王買嗣，七年薨。[44]
	建元五年，平王襄嗣，四十年薨。
	太始元年，貞王毋傷嗣，十一年薨。[45]
	始元二年，敬王定國嗣，四十年薨。
	初元四年，夷王遂嗣，六年薨。
	永光五年，荒王嘉嗣，十五年薨。

八世
陽朔元年，王立嗣，二十七年，元始三年，有罪，廢，徙漢中，自殺。[46]元始五年二月丁酉，王音以孝王玄孫之曾孫紹封，五年，王莽篡位，貶爲公，明年廢。

濟川
孝景中六年五月丙戌，王明以孝王子桓邑侯立，七年，建元三年，坐殺中傅，廢遷房陵。[47]

濟東
五月丙戌，王彭離以孝王子立，二十九年，坐殺人，廢遷上
庸。[48]

山陽 五月丙戌，哀王定以孝王子立，九年薨，亡後。	濟陰 五月丙戌，哀王不識以孝王子立，一年薨，亡後。[49]

代孝王參	三城濟南、膠西、膠東、趙、河間、淮南、衡山十二人隨父，凡十五人。右孝文人。齊、城陽、兩濟北、菑川、
文帝子。	
二月乙卯，立爲太原王，三年，更爲代王，七年薨。[50]	
孝文後三年，恭王登嗣，二十九年薨。	
清河 元光三年，剛王義嗣，十九年，元鼎三年，徙清河，三十八年薨。[51]	
太始三年，頃王陽嗣，二十五年薨。[52]	
地節元年，王年嗣，四年，坐與同產妹姦，廢遷房陵，與邑百家。[53]	
廣宗 元始二年四月丁酉，王如意以孝王玄孫之子紹封，七年，王莽篡位，貶爲公，明年廢。	

河閒獻王德	
景帝子。	
二年三月甲寅立，二十六年薨。	
元光六年，共王不周嗣，四年薨。[54]	
元朔四年，剛王基嗣，十二年薨。[55]	
元鼎四年，頃王緩嗣，十七年薨。[56]	
天漢四年，孝王慶嗣，四十二年薨。[57]	
五鳳四年，王元嗣，十七年，建昭元年，坐殺人，廢遷房陵。	建始元年正月丁亥，惠王良以孝王子紹封，二十七年薨。
	建平二年，王尚嗣，十四年，王莽篡位，貶爲公，明年廢。

臨江哀王閼[58]	魯共王餘
景帝子。	景帝子。
三月甲寅立，三年薨，亡後。	三月甲寅，立爲淮陽王，二年，徙魯，二十八年薨。[59]
	元朔元年，安王光嗣，四十年薨。
	後元元年，孝王慶忌嗣，三十七年薨。
	甘露三年，頃王封嗣，二十八年薨。[60]
	陽朔二年，文王晙嗣，十九年薨，亡後。[61]

建平三年六月辛卯，王閎以頃王子郢鄉侯紹封，十三年，王莽篡位，貶爲公，明年，獻神書言莽德，封列侯，賜姓王。[62]

江都易王非[63]	趙敬肅王彭祖
景帝子。	景帝子。
三月甲寅，立爲汝南王，二年，徙江都，二十八年薨。[64]	三月甲寅，立爲廣川王，四年，徙趙，六十三年薨。
元朔二年，王建嗣，六年，元狩二年，謀反，自殺。[65]	征和元年，頃王昌嗣，十九年薨。
廣世 元始二年四月丁酉，王宮以易王庶孫旴眙侯子紹封，五年，王莽篡位，貶爲公，明年廢。[66]	本始元年，懷王尊嗣，五年薨。

	征和二年，頃王偃以敬肅王小子立，十一年薨。[70]
地節四年二月甲子，哀王高以頃王子紹封，四月薨。[67]	元鳳元年，繆王元嗣，二十四年，五鳳二年，坐殺謁者，會薨，不得代。[71]
元康元年，共王充嗣，五十六年薨。[68]	
元延三年，王隱，十九年，王莽篡位，貶爲公，明年廢。[69]	

長沙定王發	
景帝子。	
三月甲寅立，二十八年薨。	
元朔二年，戴王庸嗣，二十七年薨。[72]	
天漢元年，頃王附朐嗣，十七年薨。[73]	
始元四年，剌王建德嗣，三十四年薨。	
黃龍元年，煬王旦嗣，二年薨，亡後。[74]	初元四年，孝王宗以剌王子紹封，三年薨。[75]
	永光二年，繆王魯人嗣，四十八年薨。[76]
	居攝二年，舜嗣，二年，王莽篡位，貶爲公，明年廢。

膠西于王端	中山靖王勝
景帝子。	景帝子。
三年六月乙巳立，四十七年，元封三年薨，亡後。[77]	六月乙巳立，四十二年薨。[78]
	元鼎五年，哀王昌嗣，二年薨。[79]
	元封元年，穅王昆侈嗣，二十一年薨。[80]
	征和四年，頃王輔嗣，三年薨。[81]
	始元元年，憲王福嗣，十七年薨。
	地節元年，懷王脩嗣，十五年薨，亡後。[82]
	廣德 鴻嘉二年八月，夷王雲客以懷王從父弟子紹封，一年薨，亡後。

	膠東王
	景帝子。
	四年四月乙巳立，四年爲皇太子。[84]
廣平 建平三年正月壬寅，王漢以夷王弟紹封，十三年，王莽篡位，貶爲公，明年廢。[83]	

臨江愍王榮	廣川惠王越
景帝子。	景帝子。
七年十一月己酉，以故皇太子立，三年，坐侵廟壖地爲宫，自殺。[85]	中二年四月乙巳立，十二年薨。[86]
	建元五年，繆王齊嗣，四十五年薨。[87]
	征和二年，王去嗣，二十二年，本始四年，坐亨姬不道，廢徙上庸，予邑百户。[88]

地節四年五月庚午，戴王文以繆王子紹封，二年薨。	
元康二年，王汝陽嗣，十五年，甘露四年，殺人，廢徙居房陵。[89]	廣德 元始二年四月丁酉，静王楡以惠王曾孫戴王子紹封，四年薨。[90]
	居攝元年，王赤嗣，三年，王莽篡位，貶爲公，明年廢。

膠東康王寄	
景帝子。	
四月乙巳立，二十八年薨。	
元狩三年，哀王賢嗣，十四年薨。[91]	六安 元狩二年七月壬子，恭王慶以康王少子立，三十八年薨。
元封五年，戴王通平嗣，二十四年薨。	始元四年，夷王禄嗣，十一年薨。[93]
始元五年，頃王音嗣，五十四年薨。	本始元年，繆王定嗣，二十三年薨。[94]
河平元年，恭王授嗣，十四年薨。	甘露四年，頃王光嗣，二十七年薨。
永始三年，王殷嗣，二十三年，王莽篡位，貶爲公，明年廢。[92]	陽朔二年，王育嗣，三十三年，王莽篡位，貶爲公，明年廢。

清河哀王乘	常山憲王舜
景帝子。	景帝子。
中三年三月丁酉立，十二年薨，亡後。[95]	中五年三月丁巳立，三十二年薨。[96]
	元鼎三年，王勃嗣，坐憲王喪服姦，廢徙房陵。

真定 元鼎三年，頃王平以憲王子紹封，二十五年薨。	**泗水** 元鼎三年，思王商以憲王少子立，十五年薨。[100]
征和四年，烈王偃嗣，十八年薨。	太初二年，哀王安世嗣，一年薨，亡後。
本始三年，孝王申嗣，三十三年薨。[97]	
建昭元年，安王雍嗣，十六年薨。[98]	
陽朔三年，共王普嗣，十五年薨。	
綏和二年，王楊嗣，十六年，王莽篡位，貶爲公，明年廢。[99]	

齊懷王閎	右孝景十四人。楚、濟川、濟東、山陽、濟陰五人隨父，凡十九人。[103]	
武帝子。		
元狩六年四月乙巳立，八年，元封元年薨，亡後。		
		三年，戴王賀以思王子紹封，二十年薨。[101]
		元鳳元年三月丙子，勤王綜嗣，三十九年薨。[102]
		永光三年，戾王駿嗣，三十一年薨。
		元廷三年，王靖嗣，十九年，王莽篡位，貶爲公，明年廢。

燕剌王旦	廣陵厲王胥
武帝子。	武帝子。
四月乙巳立，三十七年，元鳳元年，坐謀反，自殺。[104]	四月乙巳立，六十三年，五鳳四年，坐祝詛上，自殺。[108]
廣陽 本始元年五月，頃王建以剌王子紹封，二十九年薨。[105]	初元二年三月壬申，孝王霸以厲王子紹封，十三年薨。
初元五年，穆王舜嗣，二十一年薨。	建昭五年，共王意嗣，十三年薨。[109]
陽朔二年，思王璜嗣，二十一年薨。[106]	建始二年，哀王護嗣，十五年薨，亡後。[110]
建平四年，王嘉嗣，十二年，王莽篡位，貶爲公，明年廢。[107]	

	高密 本始元年十月，哀王弘以屬王子立，八年薨。[112]
元延二年，靖王守以孝王子紹封，十七年薨。[111]	元康元年，頃王章嗣，三十四年薨。[113]
居攝二年，王宏嗣，三年，王莽篡位，貶爲公，明年廢。	建始二年，懷王寬嗣，十一年薨。
	鴻嘉元年，王慎嗣，二十九年，王莽篡位，貶爲公，明年廢。

昌邑哀王髆	右孝武四人。六安、真定、泗水、平干四人隨父，兄八人。[116]
武帝子。	
天漢四年六月乙丑立，十一年薨。[114]	
始元元年，王賀嗣，十二年，徵爲昭帝後，立二十七日，以行淫亂，廢歸故國，予邑三千户。[115]	

淮陽憲王欽	東平思王宇
宣帝子。	宣帝子。
元康三年四月丙子立，三十六年薨。[117]	甘露二年十月乙亥立，三十二年薨。[119]
河平二年，文王玄嗣，二十六年薨。	鴻嘉元年，煬王雲嗣，十六年，建平三年，坐祝詛上，自殺。[120]
元壽二年，王縝嗣，十九年，王莽篡位，貶爲公，明年廢。[118]	元始元年二月丙辰，王開明嗣，立五年薨，亡後。[121]

中山

元始元年二月丙辰，王成都以思王孫桃鄉頃侯宣子立，奉中山孝王後，八年，王莽篡位，貶爲公，明年，獻書言莽德，封列侯，賜姓王。[122]

居攝元年，嚴鄉侯子匡爲東平王。[123]

楚孝王囂[124]	
宣帝子。	
十月乙亥，立爲定陶王，四年，徙楚，二十八年薨。[125]	
陽朔元年，懷王芳嗣，一年薨，亡後。[126]	陽朔二年，思王衍以孝王子紹封，十一年薨。[127]
	元壽元年，王紆嗣，十年，王莽篡位，貶爲公子，明年廢。[128]

信都
綏和元年十一月壬子，王景以孝王孫立爲定陶王，奉恭王後，三年，建平二年，徙信都，十三年，王莽篡位，貶爲公，明年廢。

四繼隨六	宣王高密，凡	孝燕王父，	右人。繼絕，人。	中山哀王竟
				宣帝子。
				初元二年二月丁巳，立爲清河王，五年，徙中山王，十三年薨，亡後。[129]

定陶共王康
元帝子。
永光三年三月，立爲濟陽王，八年，徙山陽，八年，河平四年四月，徙定陶，凡十九年薨。
陽朔三年，王欣嗣，十四年，綏和元年，爲皇太子。[130]

中山孝王興	右孝元二人。廣陵繼絶，凡三人。孝成時河閒、廣德、定陶三國，孝哀時廣平一國，孝平時東平、中山、廣德、廣世、廣宗五國，皆繼絶。
元帝子	
建昭二年六月乙亥，立爲信都王，十五年，陽朔二年，徙中山，凡三十年薨。[131]	
綏和二年，王箕子嗣，六年，元壽二年，立爲皇帝。[132]	

[1]【顏注】張晏曰：禮，服盡於玄孫，故以世數名也。

[2]【今注】案，王先謙《漢書補注》謂本書卷一《高紀》有"王碭郡、薛郡、郯郡三十六縣"。卷三六本傳"王薛郡、東海、彭城三十六縣"，是。

[3]【顏注】師古曰：楚元王，帝弟，而表居代王前者，以封日先後爲次也。【今注】案，王先謙《漢書補注》謂《史記·漢興以來諸侯王年表》有"都彭城"。

[4]【今注】案，王先謙《漢書補注》謂傳作"四年"，誤。

[5]【今注】案，王先謙《漢書補注》謂傳作"十四年"，誤。

[6]【今注】案，《史記·漢興以來諸侯王年表》作"元鼎三年"。

[7]【今注】案，王先謙《漢書補注》謂本書《高紀》有"王雲中、雁門、代郡五十三縣"。

[8]【今注】案，王先謙《漢書補注》謂本書卷三五本傳有"王三郡五十三城"。

[9]【今注】案，王先謙《漢書補注》謂本書《高紀》有"王膠東、膠西、臨淄、濟北、博陽、城陽郡七十三縣"。

[10]【今注】案，錢大昭《漢書辨疑》謂本書卷三八《高五王傳》作"正月立"。《史記·漢興以來諸侯王年表》作"正月甲子"。證以本書《高紀》，壬子是；甲子非也。

[11]【今注】案，王先謙《漢書補注》謂卷三八本傳作"孝文元年薨"，距嗣位十年，"二"字衍。

[12]【今注】案，揚，蔡琪本、大德本同，殿本作"楊"。

[13]【今注】案，二十二，蔡琪本、大德本、殿本作"二十三"。

[14]【今注】案，王先謙《漢書補注》謂懿王二十三年薨，表、傳合，是薨在元光四年（前131）也。屬王當云"元光五年嗣"爲是。

［15］【今注】案，朱一新《漢書管見》謂《史記·漢興以來諸侯王年表》亦作"二月"，本書卷四《文紀》作"三月"。《地理志》云"都莒"。

［16］【今注】案，還，底本殘，據蔡琪本、大德本、殿本補。

［17］【今注】案，頃王延，底本殘，據蔡琪本、大德本、殿本補。

［18］【今注】案，錢大昭《漢書辨疑》謂《史記·漢興以來諸侯王年表》"順"作"質"。

［19］【今注】案，王先謙《漢書補注》謂傳作"雲兄"。"亡後永始元年王"七字，底本漫漶不清，據蔡琪本、大德本、殿本補。

［20］【今注】案，陳直《漢書新證》謂西漢名終古者至多，齊孝王子名終古，又有鼇侯終古，趙敬王子柏暢戴侯終古（均見本表），蓋取《楚辭·九歌》"長無絶兮終古"之義。在漢印中，皆省寫作冬古，無作終古者，如"董冬古""牟冬古""狐冬古""張冬古""賤子冬古"等印皆可證。

［21］【今注】案，王先謙《漢書補注》謂傳作"五年"，誤；此是。又，考王尚，殿本同，蔡琪本、大德本作"孝王尚"。

［22］【今注】案，考王烘，蔡琪本、殿本作"孝王橫"，大德本作"孝三橫"。

［23］【今注】案，王先謙《漢書補注》謂"友"，傳作"交"。

［24］【顏注】師古曰：劦音力。【今注】案，錢大昭《漢書辨疑》謂"悼"下脱"惠"字。濟北，蔡琪本同，大德本、殿本作"濟南"。

［25］【今注】案，錢大昭《漢書辨疑》謂傳作"雄渠"。

［26］【今注】案，王先謙《漢書補注》謂"弟"，傳作"兄"。

［27］【今注】案，朱一新《漢書管見》謂"十二月"當作"十一年"，字之誤也；上云"六年"，賈立之六年也；下云"十一

年", 高帝十一年（前196）也。據本書《高紀》, 布以十一年七月反, 十二年十月敗, 其擊賈當在十一年七八月間。諸人徒見此表中"六年十一年"連文, 以爲義不可通, 妄改爲"十二月"。不知此時不改正朔, 十月爲歲首, 十一年十二月布尚未反; 若十二年, 布已破敗; 均無由攻劉賈也。表中此例甚多。下文濟北王寬之"十一年, 後二年",《高惠高后文功臣表》淮陰侯下云"六年封, 五年, 十一年, 坐謀反, 誅", 並其明證矣。王先謙《漢書補注》謂傳云"爲布軍所殺", 此"攻"乃"殺"之訛字。

[28]【今注】案, 四十二年, 諸本皆作"四十三年"。王先謙《漢書補注》謂"二"當爲"三"。自文帝十六年（前164）至元狩元年（前122）, 正得四十三年。《史記・漢興以來諸侯王年表》不誤。

[29]【今注】案, 王先謙《漢書補注》謂淮南、衡山同時發覺、自殺。三十四, 蔡琪本、大德本、殿本作"三十三"。

[30]【今注】案, 王先謙《漢書補注》謂"成", 傳作"式", 本書《王子侯表》同。《史記・漢興以來諸侯王年表》作"武"。

[31]【今注】案, 王先謙《漢書補注》據傳, 稱坐誖人倫, 祝詛上, 自殺。後二年, 謂武帝後元二年（前87）。嗣、十, 底本漫漶不清, 據蔡琪本、大德本、殿本補。

[32]【今注】案, 王先謙《漢書補注》謂《史記・漢興以來諸侯王年表》有"都邯鄲"。

[33]【今注】案, 朱一新《漢書管見》謂如意先王代, 不書者, 以年幼未之國也, 傳亦未書。王先謙《漢書補注》稱如意立四年, 薨於惠帝元年（前194）, 此"十二年", 乃高帝紀年也。

[34]【今注】案, 錢大昭《漢書辨疑》謂凡皇帝初封之國, 表不書名, 尊君也。膠東王、陽武侯皆同。

[35]【顔注】師古曰: "共"讀曰"恭"。下皆類此。

[36]【今注】案, 朱一新《漢書管見》謂《史記・漢興以來

諸侯王年表》作"十一年二月"，下王友同。王先謙《漢書補注》謂本書《高紀》作"三月"，此是；下王友同。

[37]【今注】案，王先謙《漢書補注》謂本書《文紀》載"元年十二月立"。

[38]【今注】案，朱一新《漢書管見》謂本書《文紀》作"三月"。《史記·漢興以來諸侯王年表》云"都洛城"，當作"樂成"。一月，蔡琪本、大德本、殿本作"二月"。

[39]【今注】案，王先謙《漢書補注》謂《史記·漢興以來諸侯王年表》同；傳作"九年薨"，誤。

[40]【今注】案，王先謙《漢書補注》謂二十四年，元朔元年（前128）也。傳云"元朔中"，紀在元朔二年，微異。《史記·漢興以來諸侯王年表》與此同。傳作"四十二年"，非也。

[41]【顏注】師古曰：吳王濞從其父代王喜在此表中，故十二人也。

[42]【今注】案，錢大昭《漢書辨疑》謂本書卷四八《賈誼傳》作"小子勝"，《史記》亦作"勝"。王先謙《漢書補注》稱都定陶。

[43]【今注】案，朱一新《漢書管見》謂本書《文紀》作"三月立"，不誤。下同。王先謙《漢書補注》稱十年即在位之年。

[44]【今注】案，王先謙《漢書補注》謂孝王子五王同以孝景中六年（前144）立，而書"後元年嗣"者，史書王侯嗣位例不併數初立之年，間有參差，皆傳寫之誤，全書各表可用參稽；讀者不達斯旨，或反以不書"中六年嗣"爲誤，失考之甚也。

[45]【今注】案，王先謙《漢書補注》謂傳"貞"作"頃"。

[46]【今注】案，王先謙《漢書補注》謂本書卷一二《平紀》有"元始四年，自殺"。以二十七年計之，此"三年"是。

[47]【今注】房陵：縣名。治所在今湖北房縣。 案，王先謙《漢書補注》謂濟川國後爲陳留郡。

[48]【今注】上庸：縣名。治所在今湖北竹山縣西南。 案，

王先謙《漢書補注》謂元鼎元年（前116）廢。

［49］【今注】案，一年，蔡琪本、大德本作“七年”，殿本作“二年”。王先謙《漢書補注》謂當作“二年”。不識以景帝後元年（前143）薨，見《史記·漢興以來諸侯王年表》，距始封僅一年，故傳作“立一年薨”。合始封、嗣位共爲二年。

［50］【今注】案，朱一新《漢書管見》謂“二月”當作“三月”。考本書《文紀》，王薨於孝文後二年（前162），距始封正十七年，傳作“十七年”是也；此“七”上脱“十”字。

［51］【今注】案，王先謙《漢書補注》謂傳作“四十年”，誤。

［52］【今注】案，王先謙《漢書補注》謂“陽”，傳作“湯”。

［53］【今注】案，王先謙《漢書補注》謂傳“四年”作“三年”，誤。

［54］【今注】案，王念孫《讀書雜志·漢書第二》謂本傳及《史記·漢興以來諸侯王年表》、卷五九《五宗世家》作“不害”，是。隸書“害”字或作“周”，與“周”相似，因誤爲“周”。

［55］【今注】案，王先謙《漢書補注》謂“基”，傳及《史記·漢興以來諸侯王年表》作“堪”。

［56］【今注】案，王先謙《漢書補注》謂傳“緩”作“授”，《史記·漢興以來諸侯王年表》同。孝王天漢四年（前97）嗣，此以三年薨，乃十六年也，“七”字誤。

［57］【今注】案，四十二，蔡琪本同，大德本、殿本作“四十三”。王先謙《漢書補注》謂天漢四年（前97）至五鳳三年（前55）是四十三年，非四十七也。“七”當作“三”。傳是，此誤。

［58］【顏注】師古曰：閼，音一曷反。

［59］【今注】案，朱一新《漢書管見》謂當作“二十七年”，“八”字誤。王先謙《漢書補注》謂自景帝前二年（前155）至元光六年（前129）止二十七年，朱説是，傳亦誤作“八”。

［60］【今注】案，王先謙《漢書補注》謂傳“封”作“勁”。

［61］【顏注】晉灼曰：睃音鐫。師古曰：睃音子緣反。【今注】案，王先謙《漢書補注》謂傳"十九"作"十八"。

［62］【顏注】師古曰：郚，音"吾"，又音"魚"。【今注】案，《漢書考證》齊召南謂閡，頃王子，宜低一格，與睃同行。

［63］【顏注】師古曰：謚法，好更故舊曰易。

［64］【今注】案，王先謙《漢書補注》謂自景帝前二年（前155）至武帝元朔元年（前128），正二十八年，傳誤"八"爲"七"。

［65］【今注】案，王先謙《漢書補注》謂國除爲廣陵郡。

［66］【今注】廣世：錢大昭《漢書辨疑》謂紀作"廣川"，傳作"廣陵"。又《水經注·陰溝水》："過水又東逕廣鄉城北。圈稱曰，襄邑有虵丘亭，故廣鄉矣，改曰廣世。"

［67］【今注】案，錢大昭《漢書辨疑》謂哀王當與懷王同行，此誤下一格。"以頃王"三字，底本殘，據蔡琪本、大德本、殿本補。

［68］【今注】案，"元康""王充"四字，底本漫漶不清，據蔡琪本、大德本、殿本補。

［69］【今注】案，殿本"隱"後有"嗣"字。

［70］【今注】案，蔡琪本"征和"前有"平王"二字，大德本、殿本"征和"前有"平干"二字。王先謙《漢書補注》稱孟康云，平干即廣平。陳直《漢書新證》謂《西京雜記》卷六作廣川王名去疾，紀述在國內盜廢古冢事，其名似以去疾爲長。

［71］【今注】案，"年五"二字，底本殘，據蔡琪本、大德本、殿本補。

［72］【今注】案，錢大昭《漢書辨疑》謂《史記·漢興以來諸侯王年表》作"康王"。

［73］【顏注】晉灼曰：附音符。師古曰：附，讀如本字。朐音劬。本傳作"鮒鮈"，其音同耳。

［74］【今注】案，且，蔡琪本同，大德本、殿本作"旦"。

［75］【今注】案，王先謙《漢書補注》謂本書卷九《元紀》

及傳並作"初元三年","四"字誤。薨在永光元年（前43），則歷四年而薨，此作"三年"，傳作"五年"，皆誤。

[76]【今注】案，王先謙《漢書補注》謂傳作"魯人嗣，王莽時絶"。下"居攝"云云，傳不載。

[77]【今注】案，王先謙《漢書補注》謂國除爲膠西郡。

[78]【今注】案，王先謙《漢書補注》謂自景帝前三年（前154）至元鼎四年（前113），止四十二年；傳"二"作"三"，誤。

[79]【今注】案，王先謙《漢書補注》謂傳作"一年"，誤。

[80]【顏注】師古曰：穅，音與"康"同。穅，惡謚也。好樂怠政曰穅。它皆類此。

[81]【今注】案，王先謙《漢書補注》謂征和四年（前89）、後元元年（前88）、二年，共三年，是；傳作"四年"，誤。

[82]【今注】案，王先謙《漢書補注》謂"脩"，傳作"循"。

[83]【今注】案，王先謙《漢書補注》謂紀、傳並作"廣漢"，此"漢"上脱"廣"字。

[84]【今注】案，王先謙《漢書補注》謂本書卷五《景紀》"乙"作"己"。

[85]【今注】案，朱一新《漢書管見》謂本書《景紀》"十一月"作"正月"，《史記·漢興以來諸侯王年表》"己酉"作"乙丑"。王先謙《漢書補注》謂國除爲南郡。

[86]【今注】案，王先謙《漢書補注》謂自景帝中二年（前148）至武帝建元四年（前137），止十二年。傳"二"作"三"，誤。

[87]【今注】案，王先謙《漢書補注》謂傳作"四十四年"，誤。

[88]【顏注】師古曰：忿怒其姬，亨羹而殺。

[89]【今注】案，大德本、殿本"徙"後無"居"字。

[90]【今注】案，王先謙《漢書補注》謂"榆"爲"倫"之誤，本書《平紀》及《王子侯表》可證；傳作"瘉"，亦誤也。

[91]【今注】案，王先謙《漢書補注》謂傳作"十五年"，誤。

[92]【今注】案，王先謙《漢書補注》謂殷事亦見本書卷九九《王莽傳》。

[93]【今注】案，十一，蔡琪本作"十二"，大德本、殿本作"十四"。王先謙《漢書補注》謂傳作"十年薨"，當元平元年（前74）也。

[94]【今注】案，王先謙《漢書補注》謂傳作"三十二年"，誤。

[95]【今注】案，朱一新《漢書管見》謂紀作"九月"。《史記·漢興以來諸侯王年表》"丁酉"作"丁巳"。

[96]【今注】案，王先謙《漢書補注》謂景帝中五年（前145）至元鼎二年（前115），三十一年也；此作"三十二"，傳作"三十三"，並誤。

[97]【今注】案，三十三，蔡琪本同，大德本作"三十二"，殿本作"二十二"。王先謙《漢書補注》謂自本始三年（前71）至永光五年（前39），計三十三年。

[98]【今注】案，王先謙《漢書補注》謂傳作"二十六"年，誤。

[99]【今注】案，王先謙《漢書補注》謂傳"楊"作"陽"。

[100]【今注】案，三年，蔡琪本同，大德本、殿本作"二年"。王先謙《漢書補注》謂"三年"是。"十五年"，當作"十一年"，當太初元年（前104）也；傳作"十年"，亦誤。

[101]【今注】案，王先謙《漢書補注》謂自太初三年（前102）至始元六年（前81），計二十二年，傳是；此"十"下脱"二"字。

[102]【今注】案，王先謙《漢書補注》謂傳作"煖"；此作"綜"，誤。

[103]【顏注】師古曰：此表列諸王次第與本傳不同者，本傳因母氏之次而盡言所生，表則序其昆弟長幼；又臨江閔王封時年月在後；故不同也。它皆類此。

[104]【今注】案，王先謙《漢書補注》謂元狩六年（前117）至元鳳元年（前80）計三十八年，傳是；此作"七"，誤。

［105］【今注】案，王先謙《漢書補注》謂本書卷八《宣紀》"五月"作"七月"。

［106］【今注】案，王先謙《漢書補注》謂傳作"二十年"。

［107］【今注】案，王先謙《漢書補注》謂後王莽封扶美侯，賜姓，見傳。表例不載。

［108］【今注】案，王先謙《漢書補注》謂元狩六年（前117）至五鳳四年（前54），六十四年也，傳是；此誤。

［109］【今注】案，王先謙《漢書補注》謂傳作"三年"，是，當建始元年（前32）也。"十"字衍。

［110］【今注】案，王先謙《漢書補注》謂傳作"十六年"，是。

［111］【今注】案，王先謙《漢書補注》謂傳作"二十年"，皆誤；元延二年（前11）至居攝元年（6），十八年。

［112］【今注】案，王先謙《漢書補注》謂本書《宣紀》"十月"作"七月"。傳"八年"作"九年"，誤。

［113］【今注】案，王先謙《漢書補注》謂傳作"三十三年"，誤。

［114］【今注】案，王先謙《漢書補注》謂本書《宣紀》"六月"作"四月"。

［115］【今注】案，王先謙《漢書補注》謂"始元"誤倒作"元始"。

［116］【今注】案，兄，蔡琪本、大德本、殿本作"凡"。錢大昭《漢書辨疑》謂"兄"，當作"凡"。

［117］【今注】案，王先謙《漢書補注》謂本書《宣紀》"四月"作"七月"。

［118］【顏注】師古曰：續，音羊善反。

［119］【今注】案，王先謙《漢書補注》謂本書《宣紀》作"九月立"。傳作"三十三年薨"，誤。

［120］【今注】案，王先謙《漢書補注》謂傳作"十七年"，是；此誤。

［121］【今注】案，王先謙《漢書補注》謂傳作"立三年"，

是；此誤。

　　［122］【今注】中山孝王：元帝之子。因其子漢哀帝繼承帝位，故以成都紹封，奉中山孝王後。

　　［123］【今注】案，王先謙《漢書補注》謂匡奉開明後，父信起兵討莽，兵敗，皆爲莽所滅。

　　［124］【顏注】師古曰：“嚻”音“敖”。

　　［125］【今注】案，王先謙《漢書補注》謂本書《宣紀》作“正月立”。

　　［126］【今注】案，王先謙《漢書補注》謂“芳”，傳作“文”。

　　［127］【今注】案，王先謙《漢書補注》謂陽朔二年（前23）至建平四年（前3），計二十一年，傳是；此“十”上脫“二”字。

　　［128］【今注】案，大德本、殿本“公”後無“子”字。王先謙《漢書補注》謂“子”字衍。

　　［129］【今注】案，王先謙《漢書補注》謂傳“五年”作“三年”。

　　［130］【今注】案，王先謙《漢書補注》謂“十四年”，傳作“十五年”，是；此誤。

　　［131］【今注】案，王先謙《漢書補注》謂傳作“十四年”，誤。

　　［132］【今注】案，王先謙《漢書補注》謂“六年”，當爲“七年”，傳是；此誤。

漢書　卷一五上

王子侯表第三上

　　大哉，聖祖之建業也！後嗣承序，以廣親親。至于孝武，以諸侯王彊土過制，或替差失軌，而子弟爲匹夫，[1]輕重不相準，於是制詔御史："諸侯王或欲推私恩分子弟邑者，令各條上，朕且臨定其號名。"自是支庶畢侯矣。《詩》云"文王孫子，本支百世"，[2]信矣哉！[3]

　　[1]【顏注】師古曰：彊亦壃字也。替，古僭字也。軌，法也。

　　[2]【顏注】師古曰：《大雅・文王》之詩也。本，本宗也。支，支子也。言文王有明德，故天祚之子孫，嫡者爲天子，支庶爲諸侯，皆不絕也。

　　[3]【顏注】師古曰：侯所食邑，皆書其郡縣於下。其有不書者，史失之也。或但言某人嗣及直書薨，不具年月，皆闕文也。

號謚名[1]	頡羹侯信[2]	合陽侯喜[4]
屬	帝兄子。	帝兄，爲代王。匈奴攻代，棄國，廢爲侯。
始封位次	七年中封，十三年，高后元年，有罪，削爵一級，爲關內侯。[3]	八年九月丙午封，七年，孝惠二年薨，以子爲王，謚曰頃王。[5]
子		沛 十一年十二月癸巳，侯濞以帝兄子封，十二年，爲吳王。
孫		
曾孫		
玄孫		

德哀侯廣		右高祖
[6]		
一百二十[7] 十二年十一月庚辰，以兄子封，七年八月薨。		
高后三年，頃侯通嗣，二十四年薨。[8]	六世	
孝景六年，康侯齕嗣，二十四年薨。[9]	七世 元壽二年五月甲子，侯勳以廣玄孫之孫長安公乘紹封，千户，九年，王莽篡位，絕。[12]	
元鼎四年，侯何嗣。五年，坐酎金免。[10]		
泰山 元康四年，廣玄孫長安大夫猛，詔復家。[11]		

上邳侯郢客[13]	朱虛侯章[15]	東牟侯興居	右高后
楚元王子。	齊悼惠王子。	齊悼惠王子。	
一百二十八 二年五月丙午封，七年，爲楚王。[14]	一百二十九 五月丙申封，八年，爲城陽王。[16]	六年四月丁酉封，四年，爲濟北王。	

管共侯罷軍[17]	氏丘共侯甯國[20]	營平侯信都[21]
齊悼惠王子。	齊悼惠王子。	齊悼惠王子。
四年五月甲寅封，二年薨。[18]	五月甲寅封，十一年薨。	五月甲寅封，十年薨。
六年，侯戎奴嗣，二十年，孝景三年，反，誅。[19]	十五年，侯偃嗣，十年，孝景三年，反，誅。	十四年，侯廣嗣，十一年，孝景三年，反，誅。
		[22]

楊丘共侯安[23]	楊虚侯將閭[25]	朸侯辟光[27]
齊悼惠王子。	齊悼惠王子。	齊悼惠王子。
五月甲寅封，十二年薨。	五月甲寅封，十三年，爲齊王。[26]	五月甲寅封，十二年，爲濟南王。
十六年，侯偃嗣，十一年，孝景四年，坐出國界，削爲司寇。[24]		

安都侯志[28]	平昌侯卬[29]	武成侯賢[30]
齊悼惠王子。	齊悼惠王子。	齊悼惠王子。
五月甲寅封，十二年，爲濟北王。	五月甲寅封，十二年，爲膠西王。	五月甲寅封，十二年，爲菑川王。

白石侯雄渠[31]	阜陵侯安[32]	安陽侯勃[33]
齊悼惠王子。	淮南厲王子。	淮南厲王子。
五月甲寅封，十二年，爲膠東王。	八年五月丙午封，八年，爲淮南王。	五月丙午封，八年，爲衡山王。

陽周侯賜[34]	東城哀侯良[35]	右孝文	平陸侯禮[36]
淮南屬王子。	淮南屬王子。		楚元王子。
五月丙午封，八年，爲廬江王。	五月丙午封，七年薨，亡後。		元年四月乙巳封，三年，爲楚王。[37]

休侯富[38]	沈猷夷侯歲[42]
楚元王子。	楚元王子。
四月乙巳封，三年，以兄子楚王戊反，免。三年，侯富更封紅侯，六年薨，諡曰懿。[39]	四月乙巳封，二十年薨。
七年，懷侯登嗣，一年薨。[40]	建元五年，侯受嗣，十八年，元狩五年，坐爲宗正聽請，不具宗室，削爲司寇。[43]
中元年，敬侯嘉嗣，二十四年薨。[41]	
元朔四年，哀侯章嗣，一年薨，亡後。	

宛朐侯埶[44]	棘樂敬侯調[45]	乘氏侯買[47]
楚元王子。	楚元王子。	梁孝王子。
四月乙巳封，三年，反，誅。	三年八月壬子封，十六年薨。	中五年五月丁卯封，一年，爲梁王。
	建元三年，恭侯應嗣，十五年薨。[46]	
	元朔元年，侯慶嗣，十六年，元鼎五年，坐酎金免。	

桓邑侯明[48]	右孝景	兹侯明
梁孝王子。		河間獻王子。
五月丁卯封，一年，爲濟川王。		元光五年正月壬子封，四年，元朔三年，坐殺人，自殺。[49]

安城思侯蒼	宜春侯成	句容哀侯黨[52]
長沙定王子。	長沙定王子。	長沙定王子。
六年七月乙巳封，十三年薨。	七月乙巳封，十七年，元鼎五年，坐酎金免。	七月乙巳封，二年薨，亡後。
元鼎元年，節侯自當嗣。		
侯壽光嗣，五鳳二年，坐與姊亂，下獄病死。		
豫章[50]	[51]	會稽[53]

容陵侯福[54]	杏山侯成[55]	浮丘節侯不害[56]
長沙定王子。	楚安王子。	楚安王子。
七月乙巳封，十七年，元鼎五年，坐酎金免。	後九月壬戌封，十七年，元鼎五年，坐酎金免。	後九月壬戌封，十一年薨。
		元鼎五年，侯霸嗣，六年，元狩五年，坐酎金免。[57]
		沛

廣戚節侯將[58]	丹陽哀侯敢	盱台侯蒙之[61]
魯共王子。	江都易王子。	江都易王子。
元朔元年十月丁酉封,薨。[59]	十二月甲辰封,六年,元狩元年薨,亡後。	十二月甲辰封,十六年,元鼎五年,坐酎金免。
侯始嗣,元鼎五年,坐酎金免。		
	無湖[60]	

胡孰頃侯胥行[62]	秣陵終侯纏[64]	淮陵侯定國
江都易王子。	江都易王子。	江都易王子。
正月丁卯封，十六年薨。	正月丁卯封，元鼎四年薨，亡後。	正月丁卯封，十六年，元鼎五年，坐酎金免。
元鼎五年，侯聖嗣，坐知人脫亡名數，以爲保，殺人，免。[63]		
丹陽		淮陵[65]

張梁哀侯仁	龍丘侯代	劇原侯錯[68]
梁共王子。[66]	菑川懿王子。[67]	菑川懿王子。
二年五月乙巳封，十三年薨。	五月乙巳封，十五年，元鼎五年，坐酎金免。	五月乙巳封，十七年薨。[69]
元鼎三年，侯順嗣，二十三年，征和三年，爲匈奴所殺。		元鼎二年，孝侯廣昌嗣。
		戴侯骨嗣。
		質侯吉嗣。
	琅邪	節侯囂嗣。

	懷昌夷侯高遂[71]	平望夷侯賞[73]
	菑川懿王子。	菑川懿王子。
	五月乙巳封，二年薨。	五年乙巳封，七年薨。
六世 侯勝容嗣。[70]	四年，胡侯延年嗣。[72]	元狩三年，原侯楚人嗣，二十六年薨。
	節侯勝時嗣。	太始三年，敬侯光嗣，十四年薨。[74]
	侯可置嗣。	神爵四年，頃侯起嗣。
		孝侯均嗣。

	臨衆敬侯始昌	
	菑川懿王子。	
	五月乙巳封，三十一年薨。	
六世 侯旦嗣。	太始九年，康侯革生嗣，十八年薨。[75]	六世 釐侯賢嗣。
	元鳳三年，頃侯廣平嗣，薨。	七世 侯商嗣，王莽篡位，絕。
	原侯農嗣。	
	臨原 節侯理嗣。[76]	

葛魁節侯寬[77]	益都敬侯胡[79]	平的戴侯强[80]
菑川懿王子。	菑川懿王子。	菑川懿王子。
五月乙巳封，八年薨。	五月乙巳封，薨。	五月乙巳封，十七年薨。
元狩四年，侯戚嗣，五年，元鼎三年，坐縛家吏恐獨受賕，棄市。[78]	原侯廣嗣。	元狩元年，思侯中時嗣，三十年薨。[81]
	侯嘉嗣，元鳳三年，坐非廣子免。	太始三年，節侯福嗣，十三年薨。[82]
		神爵四年，頃侯鼻嗣。
		釐侯利親嗣。

	劇魁夷侯黑[83]	
	菑川懿王子。	
	五月乙巳封，十七年薨。	
六世 侯宣嗣。	元狩元年，思侯招嗣，三年薨。[84]	六世 侯向嗣。
	四年，康侯德嗣。	
	孝侯利親嗣。[85]	
	釐侯嬰嗣。	

壽梁侯守[86]	平度康侯行[87]	
菑川懿王子。	菑川懿王子。	
五月乙巳封，十五年，元鼎五年，坐酎金免。	五月乙巳封，四十七年薨。	
	元鳳元年，節侯慶忌嗣，三年薨。	六世 侯嘉嗣。
	四年，質侯帥軍嗣。	
	頃侯欽嗣。	
壽樂	孝侯宗嗣。	

宜成康侯偃	臨朐夷侯奴[89]	
菑川懿王子。	菑川懿王子。	
五月乙巳封，十一年薨。	五月乙巳封，四十一年薨。	
元鼎元年，侯福嗣，十二年，太初元年，坐殺弟棄市。	戴侯乘嗣。	六世 侯岑嗣。
	節侯賞嗣。	
	孝侯信嗣。	
平原[88]	東海 安侯褘嗣。[90]	

雷侯豨[91]	東莞侯吉[93]	辟土節侯壯[94]
城陽共王子。	城陽共王子。	城陽共王子。
五月甲戌封，十五年，元鼎五年，坐酎金免。	五月甲戌封，五年，瘤病不任朝，免。	五月甲戌封，三年，薨。
		五年，侯明嗣，十二年，元鼎五年，坐酎金免。[95]
東海[92]		東海

尉文節侯丙	封斯戴侯胡傷[97]	榆丘侯受福[98]
趙敬肅王子。	趙敬肅王子。	趙敬肅王子。
六月甲午封，五年薨。	六月甲午封，二十五年薨。	六月甲午封，十五年，元鼎五年，坐酎金免。
元狩元年，侯犢嗣，十年，元鼎五年，坐酎金免。	太初三年，原侯如意嗣，五十二年薨。	
	甘露四年，孝侯宮嗣。	
	侯仁嗣。	
南郡[96]		

襄嚵侯建[99]	邯會衍侯仁[100]	
趙敬肅王子。	趙敬肅王子。	
六月甲午封，十五年，元鼎五年，坐酎金免。	六月甲午封，薨。	
	哀侯慧嗣。	六世 節侯重嗣。
	後元年，[101] 勤侯賀嗣，三十五年薨。	七世 懷侯蒼嗣，薨，亡後。
	甘露五年，[102] 原侯張嗣。	
廣平	釐侯康嗣。	

朝節侯義[103]	東城侯遺[104]	陰城思侯蒼
趙敬肅王子。	趙敬肅王子。	趙敬肅王子。
六月甲午封，十三年薨。	六月甲午封，十一年，元鼎元年，爲孺子所殺。[105]	六月甲午封，十七年，太初元年薨。嗣子有罪，不得代。[106]
元鼎三年，戴侯禄嗣。		
侯固城嗣，五鳳四年，坐酎金少四兩免。		

廣望節侯忠[107]	將梁侯朝平	薪館侯未央[108]
中山靖王子。	中山靖王子。	中山靖王子。
六月甲午封，三十年薨。	六月甲午封，十五年，元鼎五年，坐酎金免。	六月甲午封，十五年，元鼎五年，坐酎金免。
天漢四年，頃侯中嗣，十三年薨。		
始元三年，思侯何齊嗣。		
恭侯遂嗣。		
侯閎嗣。	涿	涿

陸城侯貞[109]	薪處侯嘉	蒲領侯嘉
中山靖王子。	中山靖王子。	廣川惠王子。
六月甲午封，十五年，元鼎五年，坐酎金免。	六月甲午封，十五年，元鼎五年，坐酎金免。	三年十月癸酉封，有罪，絕。
涿	涿[110]	東海[111]

西熊侯明	棗强侯晏[112]	畢梁侯嬰[113]
廣川惠王子。	廣川惠王子。	廣川惠王子。
十月癸酉封，薨，亡後。	十月癸酉封，薨，亡後。	十月癸酉封，十九年，元封四年，坐首匿罪人，爲鬼薪。[114]
		魏

旁光侯殷[115]	距陽憲侯匃[117]	蔞節侯退[119]
河間獻王子。	河間獻王子。	河間獻王子。
十月癸酉封，十年，元鼎元年，坐貸子錢不占租，取息過律，會赦，免。[116]	十月癸酉封，十四年薨。	十月癸酉封，十六年薨。
	元鼎五年，侯淒嗣，坐酎金免。[118]	元封元年，鼇侯嬰嗣，二十二年薨。
		後元年，原侯益壽嗣，三十一年薨。
		五鳳元年，安侯充世嗣，三年薨。
魏		四年，侯遺嗣，二十年，[120]建始四年薨，亡後。

阿武戴侯豫[121]		参户節侯免[123]
河間獻王子。		河間獻王子。
十月癸酉封，二十四年薨。		十月癸酉封，四十六年薨。
太初三年，敬侯宣嗣，二十年薨。[122]	六世 侯長久嗣，王莽篡位，絕。	元鳳元年，敬侯嚴嗣。
始元三年，節侯信嗣，二十三年薨。		頃侯元嗣。
神爵元年，釐侯嬰齊嗣。		孝侯利親嗣。
頃侯黃嗣。		侯度嗣。

州鄉節侯禁[124]		平城侯禮[126]
河間獻王子。		河間獻王子。
十月癸酉封，十一年薨。		十月癸酉封，六年，元狩三年，坐恐猲取雞以令買償免，復謾，完爲城旦。[127]
元鼎二年，思侯齊嗣。[125]	六世 侯禹嗣，王莽篡位，絕。	
元封六年，憲侯惠嗣。		
釐侯商嗣。		
恭侯伯嗣。		[128]

廣侯順	蓋胥侯讓[130]	陰安康侯不害
河間獻王子。	河間獻王子。	濟北貞王子。
十月癸酉封，十四年，元鼎五年，坐酎金免。	十月癸酉封，十四年，元鼎五年，坐酎金免。	十月癸酉封，十一年薨。[132]
		元鼎三年，哀侯秦客嗣，三年薨，亡後。[133]
勃海[129]	魏[131]	魏

榮關侯驁	周望康侯何[135]	陪繆侯則[136]
濟北貞王子。	濟北貞王子。	濟北貞王子。
十月癸酉封，坐謀殺人，會赦，免。	十月癸酉封，八年薨。	十月癸酉封，十一年薨。
	元狩五年，侯當時嗣，六年，元鼎五年，坐酎金免。	元鼎二年，侯邑嗣，五年，坐酎金免。
茬平[134]		平原

前侯信[137]	安陽侯樂[138]	五據侯瞿丘[140]
濟北貞王子。	濟北貞王子。	濟北式王子。[141]
十月癸酉封，十四年，元鼎五年，坐酎金免。	十月癸酉封，三十八年薨。	十月癸酉封，十四年，元鼎五年，坐酎金免。
	後元年，穰侯延年嗣，十六年薨。	
	本始二年，康侯記嗣，十五年薨。	
	五鳳元年，安侯戚嗣。	
平原	平原 哀侯得嗣，薨，亡後。[139]	泰山

富侯龍[142]	平侯遂	羽康侯成[147]
濟北式王子。[143]	濟北式王子。[145]	濟北式王子。[148]
十月癸酉封,十六年,元康元年,坐使奴殺人,下獄瘐死。[144]	十月癸酉封,四年,元狩元年,坐知人盗官母馬爲臧,會赦,復作。[146]	十月癸酉封,六十年薨。[149]
		地節三年,恭侯係嗣。
		侯棄嗣,王莽篡位,絶。

胡母侯楚	離石侯綰	邵侯順[154]
濟北式王子。	代共王子。	代共王子。
二月癸酉封，十四年，元鼎五年，坐酎金免。[150]	正月壬戌封，後更爲涉侯，坐上書謾，耐爲鬼薪。[152]	正月壬戌封，二十六年，天漢元年，坐殺人及奴凡十六人，以捕匈奴千騎，免。[155]
泰山[151]	[153]	[156]

利昌康侯嘉[157]		藺侯罷軍[159]
代共王子。		代共王子。
正月壬戌封，五十一年薨。[158]		正月壬戌封，後更爲武原侯，坐盜賊免。[160]
元鳳五年，戴侯樂嗣，十二年薨。	六世 侯換嗣，王莽篡位，絕。	
元康二年，頃侯萬世嗣。		
節侯光禄嗣。		
刺侯殷嗣。		西河[161]

臨河侯賢[162]	濕成侯忠[163]	土軍侯郢客[165]
代共王子。	代共王子。	代共王子。
正月壬戌封，後更爲高俞侯，坐酎金免。	正月壬戌封，後更爲端氏侯，薨，亡後。[164]	正月壬戌封，後更爲鉅乘侯，坐酎金免。[166]

皋琅侯遷[167]	千章侯遇	博陽頃侯就[171]
代共王子。	代共王子。	齊孝王子。
正月壬戌封，薨，亡後。	正月壬戌封，後更爲夏丘侯，坐酎金免。[169]	三月乙卯封，薨。
		侯終古嗣，元鼎五年，坐酎金免。[172]
臨淮[168]	平原[170]	濟南[173]

寧陽節侯恬[174]	瑕丘節侯政[177]	
魯共王子。	魯共王子。	
三月乙卯封，五十二年薨。[175]	三月乙卯封，五十三年薨。[178]	
元鳳六年，安侯慶忌嗣，十八年薨。	元平元年，思侯國嗣，四年薨。	六世 侯禹嗣。
五鳳元年，康侯信嗣。	本始四年，孝侯湯嗣，十年薨。	
孝侯扈嗣。	神爵二年，煬侯奉義嗣。	
侯方嗣。[176]	釐侯遂成嗣。	

公丘夷侯順[179]	郁桹侯驕[180]	西昌侯敬
魯共王子。	魯共王子。	魯共王子。
三月乙卯封，三十年薨。	二月乙卯封，[181]十四年，元鼎五年，坐酎金免。	三月乙卯封，十四年，元鼎五年，坐酎金免。
太始元年，康侯置嗣。		
地節四年，煬侯延壽嗣，九年薨。		
五鳳元年，思侯賞嗣。		
侯元嗣，王莽篡位，絕。		

陸地侯義	邯平侯順	武始侯昌
中山靖王子。	趙敬肅王子。	趙敬肅王子。
三月乙卯封，十四年，元鼎五年，坐酎金免。[182]	三月乙卯封，十四年，元鼎五年，坐酎金免。[184]	四月甲辰封，[185]三十四年，爲趙王。
辛處[183]	廣平	魏

爲氏節侯賀[186]	易安侯平	路陵侯童[190]
趙敬肅王子。	趙敬肅王子。	長沙定王子。
四月甲辰封，十八年薨。[187]	四月甲辰封，二十年薨。[188]	四年三月乙丑封，四年，元狩二年，坐殺人，自殺。
元封三年，思侯安意嗣，二十七年薨。	元封五年，康侯種嗣。	
始元六年，康侯千秋嗣，十六年薨。	侯德嗣，始元元年，坐殺人免。	
元康元年，孝侯漢强嗣。		
侯酆嗣，王莽篡位，絕。	鄗[189]	南陽

攸輿侯則	荼陵節侯訢[193]	建成侯拾
長沙定王子。	長沙定王子。	長沙定王子。
三月乙丑封，二十二年，太初元年，坐篡死罪囚，棄市。[191]	三月乙丑封，十年薨。	三月乙丑封，元鼎二年，坐使行人奉璧皮薦，賀元年十月不會，免。[196]
	元鼎二年，哀侯湯嗣，十一年，太初元年薨，亡後。[194]	
南陽[192]	桂陽[195]	[197]

安衆康侯丹[198]		
長沙定王子。		
三月乙丑封,三十年薨。[199]		
元封六年,節侯山柎嗣,三十八年薨。[200]	侯崇嗣,居攝元年舉兵,爲王莽所滅。[202]	侯寵,建武二年以崇從父弟紹封。
地節三年,繆侯毋妨嗣。		建武十三年,侯松嗣。
釐侯褒嗣。		
侯歒嗣。[201]		今見[203]

葉平侯喜[204]	利鄉侯嬰[205]	有利侯釘[206]
長沙定王子。	城陽共王子。	城陽共王子。
三月乙丑封，十三年，元鼎五年，坐酎金免。	三月乙丑封，五年，元狩三年，有罪免。	三月乙丑封，三年，元狩元年，坐遺淮南王書稱臣棄市。
		東海[207]

東平侯慶[208]	運平侯記[210]	山州侯齒
城陽共王子。	城陽共王子。	城陽共王子。
三月乙丑封，五年，元狩三年，坐與姊姦，下獄病死。[209]	三月乙丑封，十三年，元鼎五年，坐酎金免。	三月乙丑封，十三年，元鼎五年，坐酎金免。[211]
東海	東海	

海常侯福	驪丘敬侯寬[213]	南城節侯貞[215]
城陽共王子。	城陽共王子。	城陽共王子。
三月乙丑封，十三年，元鼎五年，坐酎金免。[212]	三月乙丑封，六年薨。	三月乙丑封，四十二年薨。
	元狩四年，原侯報德嗣。[214]	始元四年，戴侯猛嗣，二十二年薨。
	侯毋害嗣，本始二年，坐使人殺兄棄市。	神爵元年，元侯尊嗣，二年薨。
		四年，釐侯充國嗣。
琅邪		頃侯遂嗣。

	廣陵虒侯裘[216]	杜原侯皋[217]
	城陽共王子。	城陽共王子。
	三月乙丑封，七年薨。	三月乙丑封，十三年，元鼎五年，坐酎金免。
六世 侯友嗣，王莽篡位，絕。	元狩五年，侯成嗣，六年，元鼎五年，坐酎金免。	

臨樂敦侯光[218]	東野戴侯章	高平侯喜[219]
中山靖王子。	中山靖王子。	中山靖王子。
四月甲午封，二十年薨。	四月甲午封，薨。	四月甲午封，十三年，元鼎五年，坐酎金免。
元封六年，憲侯建嗣。	侯中時嗣，太初四年薨，亡後。	
列侯固嗣。		
五鳳三年，節侯萬年嗣。		
侯廣都嗣，王莽篡位，絕。		平原

廣川侯頗[220]	重侯擔[221]	被陽敬侯燕[223]
中山靖王子。	河間獻王子。	齊孝王子。
四月甲午封，十三年，元鼎五年，坐酎金免。	四月甲午封，四年，元狩二年，坐不使人爲秋請免。[222]	四月乙卯封，十三年薨。
		元鼎五年，穰侯偃嗣，二十八年薨。[224]
		始元二年，頃侯壽嗣。
		孝侯定嗣。
	平原	節侯閎嗣。

	定敷侯越[225]	稻夷侯定[226]
	齊孝王子。	齊孝王子。
	四月乙卯封，十二年薨。	四月乙卯封，薨。
六世 侯廣嗣，王莽篡位，絕。	元鼎四年，思侯德嗣，五十一年薨。	簡侯陽都嗣。[227]
	元康四年，憲侯福嗣。	本始二年，戴侯咸嗣，四十二年薨。[228]
	恭侯湯嗣。	甘露元年，頃侯閎嗣。
	定侯乘嗣，王莽篡位，絕。	侯永嗣，王莽篡位，絕。

山原侯國^[229]	繁安夷侯忠^[231]	
齊孝王子。	齊孝王子。	
四月乙卯封，二十七年薨。五百五十户。	四月乙卯封，十八年薨。	
天漢三年，康侯棄嗣，十四年薨。	元封四年，安侯守嗣。^[232]	六世 侯起嗣。
始元三年，安侯守嗣，二十二年薨。	節侯壽漢嗣。	
侯發嗣。	元鳳五年，頃侯嘉嗣。	
勃海 甘露二年，孝侯外人嗣，十八年，建始五年薨。^[230]	孝侯光嗣。	

柳康侯陽巳[233]		雲夷侯信[235]
齊孝王子。		齊孝王子。
四月乙卯封，薨。		四月乙卯封，十四年薨。
敷侯罷師嗣。[234]	六世 侯守嗣，王莽篡位，絶。	元鼎六年，侯茂發嗣。[236]
于侯自爲嗣。		太始二年，康侯遂嗣。
安侯攜嗣。		釐侯終古嗣。
繆侯軻嗣。		侯得之嗣，王莽篡位，絶。

牟平共侯渫[237]		柴原侯代[239]
齊孝王子。		齊孝王子。
四月乙卯封，五年薨。		四月乙卯封，三十四年薨。
元狩三年，節侯奴嗣，二十五年薨。[238]	六世 釐侯威嗣。	征和二年，節侯勝之嗣，二十七年薨。
太始二年，敬侯更生嗣，二十九年薨。	七世 侯隆嗣，王莽篡位，絕。	元康二年，敬侯賢嗣。
地節四年，康侯建嗣，一年薨。		三年，康侯齊嗣。
元康元年，孝侯齕嗣。		恭侯莫如嗣，薨，亡後。

柏暢戴侯終古[240]	歆安侯延年[241]	乘丘節侯將夜[242]
趙敬肅王子。	趙敬肅王子。	中山靖王子。
五年十一月辛酉封，薨。	十一月辛酉封，十二年，元鼎五年，坐酎金免。	三月癸酉封，十一年薨。[243]
侯朱嗣，始元三年薨，亡後。		元鼎四年，戴侯德嗣。
		侯外人嗣，元康四年，坐爲子時與後母亂，免。
中山		[244]

高丘哀侯破胡	柳宿夷侯蓋	戎丘侯讓
中山靖王子。	中山靖王子。	中山靖王子。
三月癸酉封，八年，元鼎元年薨，亡後。	三月癸酉封，四年薨。	三月癸酉封，十二年，元鼎五年，坐酎金免。[246]
	元狩三年，侯蘇嗣，八年，元鼎五年，坐酎金免。	
	[245]	

樊輿節侯脩[247]	曲成侯萬歲	安郭于侯傳富[250]
中山靖王子。	中山靖王子。	中山靖王子。
三月癸酉封，三十六年薨。	三月癸酉封，十二年，元鼎五年，坐酎金免。[248]	三月癸酉封，薨。五百二十户。
後元年，煬侯過倫嗣。		釐侯偃嗣。
思侯異衆嗣。		侯崇嗣，元康元年，坐首匿死罪免。
頃侯土生嗣。		
侯自予嗣，王莽篡位，絕。	涿[249]	涿[251]

安險侯應[252]	安道侯恢[253]	夫夷敬侯義[254]
中山靖王子。	中山靖王子。	長沙定王子。
三月癸酉封，十二年，元鼎五年，坐酎金免。	三月癸酉封，十二年，元鼎五年，坐酎金免。	三月癸酉封，十二年薨。
		元鼎五年，節侯禹嗣，五十八年薨。[255]
		五鳳三年，頃侯奉宗嗣。
		釐侯慶嗣。
		懷侯福嗣。

	春陵節侯買[256]	都梁敬侯定[258]
	長沙定王子。	長沙定王子。
	六月壬子封，四年薨。	六月壬子封，八年薨。
六世 侯商嗣，王莽篡位，絕。	元狩三年，戴侯熊渠嗣，五十六年薨。	元鼎元年，頃侯傸嗣。[259]
	元康元年，孝侯仁嗣。[257]	節侯弘嗣。
	侯敞嗣。	原侯順懷嗣。
	建武二年，立敞子祉爲城陽王。	煬侯容嗣。

	洮陽靖侯狩燕[260]	衆陵節侯賢[261]
	長沙定王子。	長沙定王子。
	六月壬子封，七年，元狩六年薨，亡後。	六月壬子封，五十年薨。[262]
六世 侯佗人嗣，王莽篡位，絕。		本始四年，戴侯真定嗣，二十二年薨。[263]
		黃龍元年，頃侯慶嗣。
		侯骨嗣，王莽篡位，絕。

終弋侯廣置	麥侯昌	鉅合侯發
衡山賜王子。[264]	城陽頃王子。	城陽頃王子。
六年四月丁丑封，十一年，元鼎五年，坐酎金免。	元鼎元年四月戊寅封，五年，坐酎金免。	四月戊寅封，五年，坐酎金免。
汝南	琅邪	平原[265]

昌侯差	賷侯方[266]	虖葭康侯澤[268]
城陽頃王子。	城陽頃王子。	城陽頃王子。
四月戊寅封，五年，坐酎金免。	四月戊寅封，五年，坐酎金免。	四月戊寅封，六十二年薨。[269]
		神爵元年，夷侯舞嗣。
		頃侯閣嗣。
琅邪	[267]	侯永嗣，王莽篡位，絕。

原洛侯敢[270]	挾術侯昆景[271]	挾轂侯霸[272]
城陽頃王子。	城陽頃王子。	城陽頃王子。
四月戊寅封，二十六年，征和三年，坐殺人棄市。	四月戊寅封，十六年，天漢元年薨，亡後。	四月戊寅封，三十五年薨。[273]
		始元五年，夷侯戚嗣，二十一年薨。
		神爵元年，爵侯賢嗣。
		頃侯思嗣。
琅邪	琅邪	孝侯衆嗣，薨，亡後。

扐節侯讓[274]	文成侯光[275]	挍靖侯雲[276]
城陽頃王子。	城陽頃王子。	城陽頃王子。
四月戊寅封，薨。	四月戊寅封，五年，坐酎金免。	四月戊寅封，五年，坐酎金免。
侯興嗣，爲人所殺。		
平原	東海	

庸侯餘[277]	翟侯壽	鱣侯應[278]
城陽頃王子。	城陽頃王子。	城陽頃王子。
四月戊寅封，有罪死。	四月戊寅封，五年，坐酎金免。	四月戊寅封，五年，坐酎金免。
琅邪	東海	襄賁[279]

彭侯强[280]	瓡節侯息[281]	虛水康侯禹[283]
城陽頃王子。	城陽頃王子。	城陽頃王子。
四月戊寅封，五年，坐酎金免。	四月戊寅封，五十五年薨。[282]	四月戊寅封，三十八年薨。[284]
	元康四年，質侯守嗣，七年薨。	地節元年，息侯爵嗣，七年薨。[285]
		五鳳四年，侯敞嗣，王莽篡位，絕。
東海		

東淮侯類	拘侯賢[287]	淯侯不疑[289]
城陽頃王子。	城陽頃王子。	城陽頃王子。
四月戊寅封，五年，坐酎金免。	四月戊寅封，五年，坐酎金免。	四月戊寅封，五年，坐酎金免。
北海[286]	千乘[288]	東海

陸元侯何	廣饒康侯國[293]	鉼敬侯成[297]
菑川靖王子。	菑川靖王子。	菑川靖王子。
七月辛卯封，薨。[290]	七月辛卯封，五十年薨。[294]	七月辛卯封，五十四年薨。[298]
原侯賈嗣。	地節三年，共侯坊嗣，十四年薨。[295]	地節二年，頃侯龍嗣，五十年薨。[299]
侯延壽嗣，五鳳三年，坐知女妹夫亡命笞二百，首匿罪，免。[291]	甘露元年，侯麟嗣，王莽篡位，絕。[296]	元康三年，原侯融嗣。
		侯閔嗣，王莽篡位，絕。
壽光[292]		

俞間煬侯毋害[300]	甘井侯光[303]	襄隄侯聖[305]
菑川靖王子。	廣川繆王子。	廣川繆王子。
七月辛卯封，四十四年薨。[301]	七月乙酉封，二十五年，征和二年，坐殺人棄市。[304]	七月乙酉封王，十年，地節四年，坐奉酎金斤八兩少四兩，免。
地節三年，原侯況嗣，十年薨。		始元二年，聖子倫以曾祖廣川惠王曾孫爲廣德王。[306]
五鳳元年，侯瞵嗣，十三年，初元三年薨，亡後。[302]		
	鉅鹿	鉅鹿[307]

皋虞煬侯建[308]		魏其煬侯昌[311]
膠東康王子。		膠東康王子。
元封元年五月丙午封，九年薨。		五月丙午封，十七年薨。
太初四年，穬侯定嗣，十四年薨。[309]	六世 侯樂嗣，王莽篡位，絕。	本始四年，原侯傅光嗣，三十三年薨。[312]
本始二年，節侯袞嗣。		甘露三年，孝侯禹嗣。
釐侯勳嗣。		質侯蟜嗣。[313]
頌侯顯嗣。[310]		侯嘉嗣，王莽篡位，絕。

祀茲侯延年	高樂康侯[315]	參䦾侯則[317]
膠東康王子。	齊孝王子。	廣川惠王子。
五月丙午封，五年，坐棄印綬出國免。	不得封年，薨，亡後。	不得封年，坐酎金免。
琅邪[314]	濟南[316]	東海

沂陵侯喜[318]	沈陽侯自爲	漳北侯寬
廣川惠王子。	河間獻王子。	趙敬肅王子。
不得封年，坐酎金免。	不得封年。	不得封年，元鳳三年，爲奴所殺。
東海	勃海	魏

南綜侯佗[319]	南陵侯慶	鄗侯舟[320]
趙敬肅王子。	趙敬肅王子。	趙敬肅王子。
不得封年，征和二年，坐酎金免。	不得封年，後三年，坐爲沛郡太守橫恣罔上，下獄病死。	不得封年，征和四年，坐祝禮上，要斬。[321]
鉅鹿	臨淮	常山

安檀侯福	爰戚侯當	栗節侯樂[324]
趙敬肅王子。	趙敬肅王子。	趙敬肅王子。
不得封年，後三年，坐爲常山太守祝詛上，訊未竟，病死。[322]	不得封年，後三年，坐與兄廖謀反，自殺。	征和元年封，二十七年薨。[325]
		地節四年，煬侯忠嗣。
		質侯終根嗣。
		侯況嗣。
魏	濟南[323]	

洨夷侯周舍[326]	虒節侯起[327]	揤裴戴侯道[329]
趙敬肅王子。	趙敬肅王子。	趙敬肅王子。
元年封，薨。	元年封，十三年薨。[328]	元年封，十二年薨。
孝侯惠嗣。	始元六年，夷侯充國嗣，二十年薨。	元鳳元年，哀侯尊嗣。
節侯迺始嗣。	神爵元年，恭侯廣明嗣。	頃侯章嗣。
哀侯勳嗣。	釐侯固嗣。	釐侯景嗣。
侯承嗣。	侯鉅鹿嗣。	東海侯發嗣。[330]

澎侯屈氂[331]	右孝武
中山靖王子。	
二年三月丁巳封，三年，坐爲丞相祝氂，要斬。[332]	

[1]【今注】案，王先謙《漢書補注》謂漢代侯國皆縣，雖壯武、冠軍意取嘉名，仍以氏縣，無虛稱也；其後或併省，不可考釋者，因有爵號侯之疑，其誤甚矣。

[2]【顏注】服虔曰：音夏擊之夏。師古曰：音居黯反。【今注】案，王先謙《漢書補注》謂羹頡，縣名。説見卷三六《楚元王傳》補注。

[3]【顏注】師古曰：不記月日，故云"七年中"也。【今注】案，陳直《漢書新證》謂西漢王國，自有紀年，侯國亦自有紀年。

關內侯：秦漢沿置。二十等爵第十九級。但有侯號，居京師。無封土而依封户多少享受徵收租税之權。

[4]【今注】案，王先謙《漢書補注》謂合陽，馮翊縣。本書《地理志》"合"作"郃"，説詳志。《史記·高祖功臣侯者年表》"喜"作"仲"，徐廣云"一名嘉"，"嘉"又"喜"之訛。

[5]【今注】案，王先謙《漢書補注》謂本書卷一《高紀》作"七年十二月"。《史記·高祖功臣侯者年表》與此同。

[6]【今注】案，錢大昭《漢書辨疑》謂依例，當於此格書"帝兄子"。

[7]【今注】案，錢大昭《漢書辨疑》謂百二十，位次也。功臣黎朱蒼百二十。表缺一百二十七，蓋廣之位次。上邳侯郢客百二十八，朱虛侯章百二十九，廣同是宗室，位次必聯屬矣。又王先謙《漢書補注》謂《史記·高祖功臣侯者年表》正作"百二十七"。廣，濞弟，亦見《史記·高祖功臣侯者年表》。

[8]【今注】案，王先謙《漢書補注》謂孝景三年（前154）爲宗正。見本書《百官公卿表》、卷三五《吳王濞傳》補注。又，二十四，殿本同，蔡琪本、大德本作"三十四"。

[9]【顏注】師古曰：齚音紀。下亦同。【今注】案，錢大昭《漢書辨疑》謂自孝景中元六年（前151）至元鼎三年（前114）

計三十八年。

[10]【今注】酎金：漢代宗廟祭祀時諸侯助祭所獻的黃金。漢制，天子於八月祭祀宗廟，稱爲飲酎或酎祭。諸侯王、列侯須參加并貢金助祭，助祭之金即"酎金"。酎金金額，據《續漢書·禮儀志上》"八月飲酎"劉昭注引《漢律·金布令》所載，"諸侯、列侯各以民口數，率千口奉金四兩，奇不滿千口至五百口，亦四兩，皆會酎，少府受"。諸侯王、列侯如不按規定繳納，或酎金分量不足、成色不好，則諸侯王削縣，列侯免國。

[11]【顏注】師古曰：大夫，第五爵也。復家，蠲賦役也。復音方目反。【今注】案，王先謙《漢書補注》謂"泰山"當作"濟南"。

[12]【顏注】師古曰：公乘，第八爵也。

[13]【今注】案，王先謙《漢書補注》謂郢客，高后二年（前186）爲宗正，見《百官公卿表》《楚元王傳》。上邳，即邳，在薛縣，見《水經注·泗水》。

[14]【今注】案，丙午，蔡琪本、大德本、殿本作"丙申"。

[15]【今注】朱虛：縣名。治所在今山東臨朐縣東南。

[16]【顏注】張晏曰：高后二年詔丞相陳平，令差第列侯位次高下，故王子侯三人有第，二年之後皆不第。【今注】案，錢大昭《漢書辨疑》謂表不著初封户數，卷四《文紀》元年（前179）益封二千户。

[17]【顏注】師古曰：罷，音皮彼反，又讀曰"疲"。"共"讀曰"恭"。下皆類此。【今注】案，王先謙《漢書補注》謂"管"，當爲"菅"，《水經注·濟水》可證；《史記·惠景閒侯者年表》亦誤。《索隱》誤以滎陽之管城當之。

[18]【今注】案，錢大昭《漢書辨疑》謂《文紀》作"九月"。

[19]【今注】案，錢大昭《漢書辨疑》謂"二年"，當爲"三年"。王先謙《漢書補注》謂《史記·惠景閒侯者年表》作

"三年"。

[20]【今注】案，王先謙《漢書補注》謂《史記·惠景閒侯者年表》作"瓜丘"，《索隱》"縣，在魏郡"；"甯"作"寧"。本書《地理志》魏郡有斥丘，無瓜丘。《索隱》不言《漢書》此表文異，似"氏""瓜"二字皆"斥"字之訛。

[21]【今注】案，王先謙《漢書補注》謂營，縣名。平，其謚也。《史記·惠景閒侯者年表》上標"營"字，下云"平侯"，其明證也。營，見《水經注·淄水》。詳"齊郡臨淄"下。

[22]【今注】案，王先謙《漢書補注》謂《索隱》有《漢書》"表在濟南"；此奪"濟南"二字。

[23]【今注】案，王先謙《漢書補注》謂"楊""陽"通用。陽丘，濟南縣，亦見《水經注·濟水》。《史記·惠景閒侯者年表》失載此侯。楊樹達《漢書窺管》謂本書《藝文志·詩賦略》有陽丘侯劉偃賦十九篇。

[24]【今注】司寇：把罪犯罰往邊地戍守。婦女則改爲勞役，稱爲"作如司寇"。刑期均爲二年。一說爲"笴箆"，即從事編織竹器的勞役。

[25]【今注】案，王先謙《漢書補注》謂據《水經注·河水》，楊虛即平原樓虛縣。《史記·惠景閒侯者年表》"閒"作"廬"。

[26]【今注】案，十三年，蔡琪本、大德本、殿本作"十二年"。

[27]【顏注】師古曰：枊，音其力反。下亦同。【今注】案，王先謙《漢書補注》謂枊，平原縣，亦見《水經注·河水》。《史記》卷五二《齊悼惠王世家》誤"勒"。後封城陽頃王子讓。

[28]【今注】案，錢大昭《漢書辨疑》引《史記正義》："安都故城，在瀛州高陽縣西南三十九里。"

[29]【今注】案，王先謙《漢書補注》謂平昌，琅邪縣。亦見《水經注·濰水》。《索隱》云"屬平原"，非。《史記》卷五二

《齊悼惠王世家》作“昌平侯”。

　　［30］【今注】案，王先謙《漢書補注》謂《史記·惠景閒侯者年表》“成”作“城”，通用字。東海南城縣，武帝封城陽共王子貞，即魯武城也，晉爲南武城，賢蓋封此，後改南城耳。

　　［31］【今注】案，錢大昭《漢書辨疑》謂《史記正義》曰：“白石故城，在德州安德縣北二十里。”《索隱》以爲金城縣，非。

　　［32］【今注】案，王先謙《漢書補注》謂阜陵，九江縣。

　　［33］【今注】案，王先謙《漢書補注》謂安陽，汝南縣，亦見《水經注·淮水》。後封周左車。《索隱》云“屬馮翊”，非。屬漢中者亦非侯國。

　　［34］【今注】案，王先謙《漢書補注》謂上郡有陽周，疑非賜所封，志亦不云侯國。

　　［35］【今注】案，王先謙《漢書補注》謂東城，九江縣，亦見《水經注·淮水》。後封居股。

　　［36］【今注】案，錢大昭《漢書辨疑》謂孝景元年（前 156）爲宗正。王先謙《漢書補注》謂平陸後爲陳留尉氏之陵樹鄉，詳志。西河、東平俱有平陸，皆非此侯國。《史記·惠景閒侯者年表》“三千二百六十七户”。後封淮陽憲王孫寵。

　　［37］【今注】案，王先謙《漢書補注》謂《史記·惠景閒侯者年表》《集解》一云“乙卯”。

　　［38］【今注】案，王先謙《漢書補注》謂《史記·惠景閒侯者年表》富一人，而休侯、紅侯誤分爲二。《索隱》：“紅、休，蓋二鄉名。王莽封劉歆爲紅休侯。一云，紅即虹縣。”又稱“紅”即“玒”，沛郡縣，亦見《水經注·獲水》。紅、休可合爲一侯封地，則休、紅接壤可知。

　　［39］【今注】案，王先謙《漢書補注》謂《史記·惠景閒侯者年表》富謚莊侯，一云“禮侯”。蘇輿云：“‘侯富’二字疑衍。”

　　［40］【今注】案，王先謙《漢書補注》謂《史記·惠景閒侯

者年表》作 "悼侯澄"。

[41]【今注】案，王先謙《漢書補注》謂《史記·惠景閒侯者年表》"嘉" 作 "發"。

[42]【顏注】師古曰：沈音審。【今注】案，王先謙《漢書補注》謂《史記·惠景閒侯者年表》"歲" 作 "穢"，千三百八十户。

[43]【顏注】師古曰：受爲宗正，人有私請求者，受聽許之，故於宗室之中事有不具，而受獲罪。【今注】宗正：秦置，一説西周至戰國皆置。管理皇族外戚事務。例由宗室擔任，秦、漢列位九卿，秩中二千石。案，王先謙《漢書補注》謂《史記·惠景閒侯者年表》"請" 作 "謁"。

[44]【顏注】師古曰：勢音藝。【今注】案，王先謙《漢書補注》謂宛朐，濟陰縣。志作 "冤句"。亦見《水經注·濟水》。

[45]【今注】案，王先謙《漢書補注》謂《史記·惠景閒侯者年表》載 "户千二百一十三"。

[46]【今注】案，王先謙《漢書補注》引蘇輿，謂自建元三年（前138）至元光六年（前129）止十年，"五" 字衍。

[47]【今注】案，王先謙《漢書補注》謂乘氏，濟陰縣，亦見《水經注·濟水》。

[48]【今注】案，王先謙《漢書補注》謂 "桓邑"，傳作 "垣邑"。

[49]【今注】案，王先謙《漢書補注》謂《史記·建元已來王子侯者年表》作 "坐謀反殺人，棄市"，徐廣云 "一作 '掠殺人，棄市'"。

[50]【今注】案，王先謙《漢書補注》謂安城，長沙縣，本書《地理志》"城" 作 "成"，《史記·建元已來王子侯者年表》同。亦見《水經注·贛水》。非豫章。

[51]【今注】案，王先謙《漢書補注》謂宜春，豫章縣，亦見《水經注·贛水》。此當有 "豫章" 二字，傳寫誤入上行。

[52]【顏注】師古曰：句，讀爲章句之句。

［53］【今注】案，王先謙《漢書補注》謂句容，丹楊縣，非會稽。

［54］【今注】案，王先謙《漢書補注》謂容陵，長沙縣。《史記·建元已來王子侯者年表》作“句陵”，徐廣云“一作‘容陵’”，明“句”爲誤字。

［55］【今注】案，錢大昭《漢書辨疑》引錢坫：《後漢書·岑彭傳》“許邯起杏”，李賢注：“南陽復陽縣有杏聚。”《郡國志》同。《太平寰宇記》“光州仙居縣有杏山”，仙居於漢爲軑縣，屬江夏。又王先謙《漢書補注》謂後封楚思王子遵。

［56］【今注】案，王先謙《漢書補注》謂《史記·建元已來王子侯者年表》作“不審”，蓋誤。

［57］【今注】案，元鼎，蔡琪本、大德本、殿本作“元狩”。元狩，蔡琪本、大德本、殿本作“元鼎”。是。

［58］【今注】案，王先謙《漢書補注》謂廣戚，沛郡縣，後封楚孝王子勳。《史記·建元已來王子侯者年表》“將”作“擇”，徐廣云“擇，一作‘將’”，明“擇”爲誤字。

［59］【今注】案，王先謙《漢書補注》謂《史記·建元已來王子侯者年表》作“十一月”。

［60］【今注】案，王先謙《漢書補注》謂“無”“蕪”同。蕪湖亦丹陽郡屬。據此，丹楊縣乃蕪湖分置。

［61］【今注】案，王先謙《漢書補注》謂盱台，臨淮縣，亦見《水經注·淮水》。《史記·建元已來王子侯者年表》“象之”兩見，《索隱》云《漢書》“表作‘蒙之’”，是唐本《史》《漢》已歧出。

［62］【今注】案，王先謙《漢書補注》謂《史記·建元已來王子侯者年表》“胡”作“湖”，“胥行”作“胥”。

［63］【顏注】師古曰：脫亡名數，謂不占户籍也。以此人爲庸保，而又别殺人也。

［64］【今注】案，王先謙《漢書補注》謂《史記·建元已來

王子侯者年表》"秣陵"作"秩陽";"緾"作"漣"。

[65]【今注】案，王先謙《漢書補注》謂上"淮陵"，《史記·建元已來王子侯者年表》作"睢陵"，《水經注·睢水》同。當依《史記·建元已來王子侯者年表》。睢陵，臨淮縣也。下"淮陵"乃"臨淮"之誤，"臨"誤爲"陵"，又倒在"淮"下耳。《索隱》云《漢書》"表作淮陵"，則唐本《漢書》已誤。

[66]【今注】案，王先謙《漢書補注》謂《史記·建元已來王子侯者年表》作"江都易王子"。

[67]【今注】案，王先謙《漢書補注》謂《史記·建元已來王子侯者年表》作"江都易王子"。

[68]【今注】案，王先謙《漢書補注》謂劇，北海縣，亦見《水經注·巨洋水》。

[69]【今注】案，王先謙《漢書補注》引蘇輿，謂自元朔二年（前127）至元鼎元年（前116）止十二年，"七"字誤。

[70]【今注】案，王念孫《讀書雜志·漢書第二》謂"勝容"義無所取，當爲"勝客"之訛。本書《高惠高后文功臣表》有樊噲曾孫勝客，《外戚恩澤侯表》有丙吉元孫勝客，《急就篇》有薛勝客，未有名"勝容"者。

[71]【今注】案，王先謙《漢書補注》謂《史記·建元已來王子侯者年表》"懷"作"壞"，無"昌"字。

[72]【今注】案，王先謙《漢書補注》謂《史記·建元已來王子侯者年表》"延"下無"年"字。

[73]【今注】案，王先謙《漢書補注》謂平望，北海縣。

[74]【今注】案，王先謙《漢書補注》引蘇輿，謂自太始三年（前94）至神爵三年（前59）共三十六年，此表作"十四"，誤。

[75]【今注】案，九年，蔡琪本、大德本、殿本作"元年"。

[76]【今注】案，王先謙《漢書補注》謂臨原，琅邪縣。本書《地理志》"臨原"注"侯國"；無臨衆縣。此侯至莽篡始絶，若是臨衆，志不當無。《史記·建元已來王子侯者年表》"臨衆"

正作“臨原”。

[77]【今注】案，王先謙《漢書補注》謂《史記·建元已來王子侯者年表》同，徐廣云：“‘葛’，一作‘莒’。”

[78]【顏注】師古曰：猲，謂以威力脅人也。賕，枉法以財相謝。猲音呼葛反。賕音求。【今注】案，王先謙《漢書補注》謂《史記·建元已來王子侯者年表》作“坐殺人，棄市”。

[79]【今注】案，王先謙《漢書補注》引《水經注·巨洋水》：“百尺溝西北逕益都城，武帝封菑川懿王子胡爲侯國。”詳“北海益”下。

[80]【顏注】師古曰：的，丁歷反（蔡琪本、大德本、殿本“丁”前有“音”字）。【今注】案，王先謙《漢書補注》謂平旳，北海縣，本書《地理志》作“旳”。《史記·建元已來王子侯者年表》作“平酌”，“强”作“彊”，蓋“疆”之誤。

[81]【今注】案，王先謙《漢書補注》引蘇輿，謂自元封元年（前110）至太始三年（前94）止十六年，表誤。

[82]【今注】案，王先謙《漢書補注》引蘇輿，謂自太始三年（前94）至神爵三年（前59）凡三十六年，此作“十三”，誤。

[83]【今注】案，王先謙《漢書補注》謂劇魁，北海縣。《史記·建元已來王子侯者年表》“黑”作“墨”。

[84]【今注】案，王先謙《漢書補注》謂《史記·建元已來王子侯者年表》“招”作“昭”。

[85]【今注】案，錢大昭《漢書辨疑》謂與平旳釐侯同名，且同是菑川懿王後，疑有訛字。

[86]【今注】案，錢大昭《漢書辨疑》謂“壽梁”或即“壽良”，東郡縣。

[87]【今注】案，王先謙《漢書補注》謂平度，東萊縣。

[88]【今注】案，王先謙《漢書補注》謂宜成，濟南縣，非平原。《索隱》云《漢書》“表作平原”，是唐本已誤。後封燕倉。

[89]【顏注】師古曰：“胸”音“幼”。【今注】案，王先謙

《漢書補注》謂《史記·建元已來王子侯者年表》作"哀侯"。

[90]【顔注】師古曰："襦"音"獝"。【今注】案，王先謙《漢書補注》謂臨朐，齊郡縣，亦見《水經注·巨洋水》；疑先屬東海。又東萊亦有臨朐，非侯國。

[91]【今注】案，王先謙《漢書補注》謂《史記·建元已來王子侯者年表》"豨"作"稀"。

[92]【今注】案，王先謙《漢書補注》謂"雷"，當爲"盧"。《水經注·沂水》："盧川水逕城陽之盧縣，武帝封城陽共王子豨爲侯國。"非東海。

[93]【今注】案，王先謙《漢書補注》謂東莞，琅邪縣，亦見《水經注·沂水》。

[94]【顔注】師古曰：辟音闢。

[95]【今注】案，王先謙《漢書補注》謂《史記·建元已來王子侯者年表》"明"作"朋"。蓋"明"字誤。

[96]【今注】案，錢大昕《廿二史考異·漢書一》認爲，丙，趙王子，封不應遠屬南郡。

[97]【今注】案，王先謙《漢書補注》謂封斯，常山縣。《史記·建元已來王子侯者年表》作"共侯胡陽"。

[98]【今注】案，王先謙《漢書補注》謂《史記·建元已來王子侯者年表》作"壽福"。

[99]【顔注】晉灼曰：音内言龜茲。師古曰：音士咸反。

[100]【今注】案，王先謙《漢書補注》謂邯會，魏郡縣。

[101]【今注】案，王先謙《漢書補注》引蘇輿，謂"後元"下當更有"元"字，後並同。

[102]【今注】案，五年，蔡琪本、大德本、殿本作"元年"。

[103]【今注】案，沈欽韓《漢書疏證》引《讀史方輿紀要》："故朝城在濮州朝城縣南十七里。《舊唐志》昌樂縣有故朝城，唐改置縣於此。"

[104]【今注】案，王先謙《漢書補注》謂東城，九江縣。但

趙地封域疑不在此。

[105]【顏注】師古曰：孺子，妾之號也。【今注】案，王先謙《漢書補注》謂《史記·建元已來王子侯者年表》作“有罪，國除”。

[106]【今注】案，王先謙《漢書補注》引蘇輿，謂十七年，當元封元年（前110），疑有誤。又稱《史記·建元已來王子侯者年表》作“侯蒼有罪，國除”。據思謐，此表爲得實。

[107]【今注】案，王先謙《漢書補注》謂廣望，涿郡縣。《史記·建元已來王子侯者年表》“望”“廣”誤倒，“忠”作“中”，上多“安”字。

[108]【今注】案，王先謙《漢書補注》謂《史記·建元已來王子侯者年表》“薪”作“新”。

[109]【今注】案，王先謙《漢書補注》謂陸城，中山縣，蓋後改隸。亦見《水經注·滱水》。志“城”作“成”。《史記·建元已來王子侯者年表》作“陘城”。《索隱》云“志屬中山”，本書《地理志》中山無陘城縣。《蜀志·先主傳》亦作“陸城”。

[110]【今注】案，王先謙《漢書補注》謂薪處，中山縣。本書《地理志》“薪”作“新”。表注“涿”者，地析自涿郡，國除後隸中山。

[111]【今注】案，王先謙《漢書補注》謂蒲領，勃海縣，亦見《水經注·濁漳水》。“東”字誤。國除，後封清河綱王子禄。

[112]【今注】案，王先謙《漢書補注》謂棗强，清河縣，亦見《水經注·淇水》。

[113]【今注】案，王先謙《漢書補注》謂“畢梁”當作“卑梁”。

[114]【今注】鬼薪：徒刑名。初爲宗廟采薪而得名。從事官府雜役等重體力勞動等。

[115]【今注】案，王先謙《漢書補注》謂《史記·建元已來王子侯者年表》“旁光”作“房光”。

[116]【顏注】師古曰：以子錢出貸人，律合收租，匿不占，取息利又多也。占音之贍反。

[117]【今注】案，王先謙《漢書補注》謂《史記·建元已來王子侯者年表》“匄”作“白”。

[118]【顏注】師古曰：“淒”音“妻”。【今注】案，王先謙《漢書補注》謂《史記·建元已來王子侯者年表》“淒”作“渡”。

[119]【顏注】師古曰：蔞，音力朱反。【今注】案，王先謙《漢書補注》謂《史記·建元已來王子侯者年表》作“蔞安侯邈”。退非名，蓋邈是。

[120]【今注】案，王先謙《漢書補注》引蘇輿，謂自五鳳四年（前54）至建始四年（前29）凡二十五年，“十”下奪“五”字。

[121]【今注】案，王先謙《漢書補注》謂阿武，涿郡縣。《史記·建元已來王子侯者年表》“戴”作“湣”。

[122]【今注】案，王先謙《漢書補注》引蘇輿，謂自太初三年（前102）至始元二年（前85）止十八年，表作“二十”，誤。又稱《史記·建元已來王子侯者年表》“宣”作“寬”。

[123]【今注】案，王先謙《漢書補注》謂參戶，勃海縣。《史記·建元已來王子侯者年表》“免”作“勉”。

[124]【今注】案，王先謙《漢書補注》謂州鄉，涿郡縣。

[125]【今注】案，王先謙《漢書補注》謂《史記·建元已來王子侯者年表》“齊”作“惠”。

[126]【今注】案，王先謙《漢書補注》謂“平城”當作“成平”。

[127]【顏注】師古曰：恐猲取人雞，依令買雞以償，坐此免侯，又犯欺謾，故爲城旦也。謾，音漫。【今注】案，沈欽韓《漢書疏證》據《景紀》“吏飲食計償費，勿論”，稱此謂取飲食物，準令當買償，復欺謾未償，故論城旦也。以宗室，故不髡鉗。　城旦：徒刑名。勞動範圍廣泛，包括築城工事或製作器物等。

[128]【今注】案，王先謙《漢書補注》謂成平，勃海縣。

《史記·建元已來王子侯者年表》作"成平"。《索隱》云《漢書》"表在南皮"，明此奪"南皮"二字。

[129]【今注】案，王先謙《漢書補注》謂廣，齊郡縣，距河閒遠。勃海無廣縣，不知併入何縣。

[130]【顏注】師古曰：蓋音公臘反。

[131]【今注】案，王先謙《漢書補注》謂《索隱》云"《漢志》在太山，表在魏郡。"但《史記·建元已來王子侯者年表》標"蓋胥"二字於上，胥非謚，則蓋胥是縣名。太山無蓋胥縣，豈小司馬所見本止作"蓋"耶？《外戚恩澤侯年表》蓋侯王信孫受元鼎五年坐酎金免，與讓同時國除，一地亦不能兩封。魏郡無蓋縣，亦無蓋胥縣。不知免侯後地併入何縣，所當闕疑。

[132]【今注】案，王先謙《漢書補注》引蘇輿，謂自元朔三年（前126）至元鼎二年（前115）凡十二年，"一"當爲"二"。

[133]【今注】案，王先謙《漢書補注》謂《史記·建元已來王子侯者年表》"容"作"客"。"容"字蓋誤。

[134]【顏注】師古曰：茌音任疑反。【今注】案，王先謙《漢書補注》謂《史記·建元已來王子侯者年表》作"營簡"。徐廣云："一作'營簡'。"《索隱》云："《漢表》作'榮關'，在茌平。"蓋此縣分茌平置。茌平，東郡縣。

[135]【今注】案，王先謙《漢書補注》謂《史記·建元已來王子侯者年表》"望"作"堅"。

[136]【今注】案，王先謙《漢書補注》謂《史記·建元已來王子侯者年表》"則"作"明"。

[137]【顏注】師古曰：字或作"萩"，音側流反。

[138]【今注】案，王先謙《漢書補注》謂《史記·建元已來王子侯者年表》"樂"作"桀"。

[139]【今注】案，王先謙《漢書補注》謂平原有安縣，無安陽縣。錢大昭《漢書辨疑》謂"陽"，當爲"煬"。樂之謚。然《史記·建元已來王子侯者年表》上標"安陽"，非安縣也。

［140］【顏注】師古曰：矔音劬，又音懼。【今注】案，王先謙《漢書補注》謂《史記·建元已來王子侯者年表》“矔”“矆”兩見。

［141］【今注】案，王先謙《漢書補注》謂《史記·建元已來王子侯者年表》“式”作“貞”。

［142］【今注】案，王先謙《漢書補注》謂《史記·建元已來王子侯者年表》“龍”作“襲”。

［143］【今注】案，王先謙《漢書補注》謂《史記·建元已來王子侯者年表》“式”作“貞”。

［144］【今注】案，王先謙《漢書補注》謂十六年，當元封元年（前110），“康”是誤字。

［145］【今注】案，王先謙《漢書補注》謂《史記·建元已來王子侯者年表》“式”作“貞”。

［146］【顏注】師古曰：有人盜馬，爲臧匿之，雖會赦，猶復作。復作者，徒役也。復音扶目反。【今注】案，沈欽韓《漢書疏證》謂漢法，若以重論，則盜官母馬，乏軍興，當斬，爲臧者減一等，逢赦，猶復作一歲刑。

［147］【今注】案，王先謙《漢書補注》謂羽，平原縣。

［148］【今注】案，王先謙《漢書補注》謂《史記·建元已來王子侯者年表》“式”作“貞”。

［149］【今注】案，王先謙《漢書補注》引蘇輿，謂自元朔三年（前126）至地節二年（前68）止五十九年，不當云“六十”。

［150］【今注】案，王先謙《漢書補注》謂“二月”，當爲“十月”，《史記·建元已來王子侯者年表》不誤。

［151］【今注】案，王先謙《漢書補注》謂泰山無胡毋縣，胡毋當爲齊地。

［152］【顏注】師古曰：謾，欺誕也，音漫。【今注】案，王先謙《漢書補注》謂涉，魏郡縣。

［153］【今注】案，王先謙《漢書補注》謂離石，西河縣，亦

見《水經注・河水》。《索隱》云《漢書》“表在上黨”，據此，奪“上黨”二字。

[154]【今注】案，沈欽韓《漢書疏證》謂“邵”，疑“郇”之誤。王先謙《漢書補注》謂《史記・建元已來王子侯者年表》“順”作“慎”，通用字。

[155]【顏注】師古曰：詐云捕得匈奴騎，故私殺人以當之。【今注】案，沈欽韓《漢書疏證》稱順殺良賤十六人，本當重論，以捕得匈奴千騎，故第免侯也。武帝時有重罪者得自募擊匈奴。顏謂私殺人當匈奴騎，此殺人而兼欺詐，至不道，豈但免侯乎！王先謙《漢書補注》謂此誤低一格。

[156]【今注】案，王先謙《漢書補注》謂《索隱》云“《漢表》在山陽”，此奪“山陽”二字。

[157]【今注】案，王先謙《漢書補注》謂利昌，齊郡縣。

[158]【今注】案，王先謙《漢書補注》引蘇輿，謂自元朔三年（前126）至元鳳四年（前77）凡五十年，“一”字衍。

[159]【今注】案，王先謙《漢書補注》謂《史記・建元已來王子侯者年表》“罷軍”作“意”。

[160]【今注】案，王先謙《漢書補注》謂“五月”，當爲“正月”，《史記・建元已來王子侯者年表》不誤。武原，楚國縣，先封衛肱。

[161]【今注】案，王先謙《漢書補注》謂繭，見志。《索隱》云“志屬西河”，是所見《漢書》此表本無“西河”二字。

[162]【今注】案，王先謙《漢書補注》謂臨河，朔方縣。

[163]【顏注】師古曰：濕，音它合反。【今注】案，王先謙《漢書補注》謂“濕”，當爲“隰”。隰成，西河縣，亦見《水經注・河水》。

[164]【今注】案，王先謙《漢書補注》謂端氏，河東縣。

[165]【顏注】師古曰：土軍，西河之縣也；說者以爲洛陽土軍里，非也。【今注】案，王先謙《漢書補注》謂先封宣義。

［166］【今注】案，王先謙《漢書補注》謂《史記·建元已來王子侯者年表》作“坐與人妻姦，棄市”，不言更侯。案，情罪未明，疑彼文有誤。

［167］【今注】案，王先謙《漢書補注》謂《史記·建元已來王子侯者年表》“遷”作“選”。

［168］【今注】案，錢大昕《廿二史考異·漢書一》謂皋琅，西河縣。

［169］【今注】案，王先謙《漢書補注》謂夏丘，沛郡縣。

［170］【今注】案，王先謙《漢書補注》謂徐廣云：“‘千章’，一作‘斥’。”《索隱》引表注同。千章，西河縣，代王子封西河者多。“平原”誤也。

［171］【今注】案，王先謙《漢書補注》謂《史記·建元已來王子侯者年表》“頃”作“康”。

［172］【今注】案，王先謙《漢書補注》謂《史記·建元已來王子侯者年表》“古”作“吉”，兩見。蓋形近致誤。

［173］【今注】案，王先謙《漢書補注》疑“濟南”爲“汝南”之誤。

［174］【今注】案，王先謙《漢書補注》謂“恬”，《史記·建元已來王子侯者年表》作“恢”。

［175］【今注】案，王先謙《漢書補注》引蘇輿，謂元朔三年（前126）至元鳳五年（前76）凡五十一年，“二”字誤。

［176］【今注】案，王先謙《漢書補注》謂寧陽，泰山縣，亦見《水經注·洙水》。《索隱》云“表在濟南”，此奪“濟南”二字。

［177］【今注】案，王先謙《漢書補注》謂《水經注·睢水》作“敬丘”，屬沛。

［178］【今注】案，王先謙《漢書補注》引蘇輿，謂當云“五十二年”。

［179］【今注】案，王先謙《漢書補注》謂公丘，沛郡縣。

［180］【顏注】師古曰：㮧音狼。【今注】案，王先謙《漢書

補注》謂《史記·建元已來王子侯者年表》作“郁狼”，“驕”作“騎”，兩見。“驕”蓋誤字。

［181］【今注】案，二月，蔡琪本、大德本、殿本作“三月”。

［182］【今注】案，王先謙《漢書補注》謂《史記·建元已來王子侯者年表》“乙卯”作“癸酉”，蓋誤。

［183］【今注】案，王先謙《漢書補注》謂辛處，即薪處，中山縣。

［184］【今注】案，王先謙《漢書補注》謂“三月乙卯”，《史記·建元已來王子侯者年表》作“四月庚辰”。

［185］【今注】案，王先謙《漢書補注》謂《史記·建元已來王子侯者年表》“甲”作“庚”。

［186］【今注】案，王先謙《漢書補注》謂爲氏，《鉅鹿縣志》作“象氏”，《史記·建元已來王子侯者年表》亦作“象氏”，韋昭云“在鉅鹿也”。

［187］【今注】案，王先謙《漢書補注》謂《史記·建元已來王子侯者年表》“甲”作“庚”。

［188］【今注】案，王先謙《漢書補注》謂《史記·建元已來王子侯者年表》“甲”作“庚”。

［189］【顔注】師古曰：鄗音呼各反。【今注】案，王先謙《漢書補注》引《索隱》：“志屬涿郡，表在鄗。”

［190］【今注】案，王先謙《漢書補注》謂《史記·建元已來王子侯者年表》作“洛陵”；“童”作“章”，兩見。“童”蓋形近之誤。錢大昭《漢書辨疑》謂“洛”，疑“昭”之誤。

［191］【今注】案，王先謙《漢書補注》引蘇輿，謂“二十二年”，當作“二十一年”。

［192］【今注】案，王先謙《漢書補注》謂攸，長沙縣，非南陽。

［193］【顔注】師古曰：荼音塗。訢與欣同。【今注】案，王先謙《漢書補注》謂《史記·建元已來王子侯者年表》作“欣”。

［194］【今注】案，王先謙《漢書補注》謂《史記‧建元已來王子侯者年表》"湯"作"陽"，兩見。

［195］【今注】案，王先謙《漢書補注》謂荼陵，長沙縣，非桂陽。亦見《水經注‧洣水》。

［196］【顏注】師古曰：以皮薦璧也。時以十月爲歲首，有賀而不及會也。【今注】案，王先謙《漢書補注》謂《史記‧建元已來王子侯者年表》作"坐不朝，不敬"，文異義同。行人，陳直《漢書新證》謂王國都官如漢朝，侯國祇有家丞、門大夫，庶子各一人（見《漢書‧百官公卿表》，及《續漢書‧百官志》）。漢初又有舍人，見《漢書》卷三四《韓信傳》。有家監，見《漢書‧景武昭宣元成功臣表》合陽侯梁喜條下，及《史記》褚少孫補任安、田仁傳。有侯尉，等於國尉，至於治民者有侯相、國丞、國尉，據本文侯國又有行人，爲《漢舊儀》《漢書‧百官公卿表》等所未詳。《齊魯封泥集存》二十頁，有"載國大行"封泥，可證侯國初設大行，後又改爲行人也。皮幣，貨幣之一種。漢武帝時所行貨幣。皮質。據本書《食貨志》，武帝因財政危機，"與公卿議，更造錢幣以澹用，而摧浮淫并兼之徒"。元狩四年（前119）仿古制發行皮幣，用宮苑中的白鹿皮製造，緣以藻繢，幣值四十萬，規定諸侯王朝覲時必須用皮幣薦璧奉獻。此爲西漢王朝聚斂財富以解決財政困難的一種手段。

［197］【今注】案，王先謙《漢書補注》謂《索隱》云《漢書》"表在豫章"，此奪"豫章"二字，見《水經注‧贛水》，詳志"建成"下。

［198］【今注】案，王先謙《漢書補注》謂安眾，南陽縣，又見《水經注‧湍水》。

［199］【今注】案，王先謙《漢書補注》引蘇輿，謂元朔四年（前125）至元封五年（前106）止二十年，"三"字誤。

［200］【顏注】師古曰：柎音方于反。

［201］【顏注】師古曰：歏音其禁反，又音其錦反。

［202］【今注】案，楊樹達《漢書窺管》謂事見本書卷九九上《王莽傳》上。

［203］【顏注】師古曰：作表時見爲侯也。

［204］【顏注】師古曰：葉，音式涉反。【今注】案，王先謙《漢書補注》謂葉，南陽縣。“喜”，《史記・建元已來王子侯者年表》作“嘉”，兩見；“平”作“康”。

［205］【今注】案，王先謙《漢書補注》引《水經注・淮水》：“游水逕利成縣故城東，故利鄉也，武帝封城陽共王子嬰爲侯國。”詳“東海利成”下。

［206］【顏注】師古曰：音丁，又音鼎。

［207］【今注】案，王先謙《漢書補注》引《水經注・沭水》：“倉山上有故城，即古有利城，武帝封城陽共王子釘爲侯國。”詳“東海即丘”下。

［208］【今注】案，錢大昭《漢書辨疑》謂東平即元鼎元年（前116）爲大河郡者，甘露二年（前52）爲王國。

［209］【今注】案，王先謙《漢書補注》謂《史記・建元已來王子侯者年表》“姊”下有“妹”字。

［210］【今注】案，王先謙《漢書補注》謂《史記・建元已來王子侯者年表》“記”作“訢”，兩見。“記”蓋誤字。

［211］【今注】案，朱一新《漢書管見》謂元鼎六年（前111），東越反，齒將兵居屯，坐畏懦誅。見本書卷九五《兩粵傳》。

［212］【今注】案，王先謙《漢書補注》謂福後擊南越有功，復封，入本書《景武昭宣元成功臣表》。楊樹達《漢書窺管》稱福雖入《景武昭宣元成功臣表》，據《兩粵傳》，福從軍亡功，以宗室故侯也。

［213］【今注】案，王先謙《漢書補注》謂《史記・建元已來王子侯者年表》作“鈞丘”，“寬”作“憲”。

［214］【今注】案，王先謙《漢書補注》謂《史記・建元已來王子侯者年表》“報”作“執”。

[215]【今注】案，王先謙《漢書補注》謂南城，即南成，東海縣。

[216]【顏注】晉灼曰："虒"音"斯"。【今注】案，王先謙《漢書補注》謂《史記·建元已來王子侯者年表》"虒"作"常"，"裘"作"表"。

[217]【今注】案，王先謙《漢書補注》謂《史記·建元已來王子侯者年表》作"莊原"，非。《漢書》"莊"皆改"嚴"，今未改，知非"莊"也。

[218]【顏注】師古曰：敦字或音弋灼反，又作敿，古穆字。【今注】案，王先謙《漢書補注》謂臨樂，勃海縣。

[219]【今注】案，王先謙《漢書補注》謂《史記·建元已來王子侯者年表》"喜"作"嘉"，兩見。錢大昭《漢書辨疑》認爲，元鳳五年（前76），又封中山康王子喜爲成侯。此是喜父行，不應同名，當從《史記·建元已來王子侯者年表》）。

[220]【今注】案，王先謙《漢書補注》謂廣川，信都縣。

[221]【顏注】師古曰：擔，音丁甘反。【今注】案，王先謙《漢書補注》謂《史記·建元已來王子侯者年表》作"千鍾"，徐廣云"一作'重'"，《索隱》"《漢表》作'重侯'，在平原。《地理志》有重丘"。"擔"，表作"搖"，一云"劉陰"。《水經注·淇水》"千童縣，故重也，亦作千鍾，武帝封河閒獻王子陰爲侯國"，據此，"重"與"千童""千鍾"異名一地。千童，志屬勃海，然與平原接壤，或先屬平原而後改隸勃海耳。

[222]【顏注】師古曰：請，音材姓反。

[223]【顏注】師古曰：被，音皮彼反。千乘之縣也。【今注】案，王先謙《漢書補注》謂《史記·建元已來王子侯者年表》"被"作"披"。

[224]【今注】案，王先謙《漢書補注》謂《史記·建元已來王子侯者年表》"偃"作"隅"。

[225]【今注】案，王先謙《漢書補注》謂定，勃海縣，亦見

《水經注・河水》。

[226]【今注】案，王先謙《漢書補注》謂稻，琅邪縣。

[227]【今注】案，王先謙《漢書補注》謂《史記・建元已來王子侯者年表》"陽都"作"都陽"。

[228]【今注】案，王先謙《漢書補注》引蘇輿，謂本始二年（前72）至甘露元年（前53）不足四十二年，"本始"疑"太始"之誤。

[229]【今注】案，錢大昭《漢書辨疑》謂山，國名；原，謚也。《説文解字・邑部》"郹，地名，從邑，山聲"，疑即此。

[230]【今注】案，王先謙《漢書補注》引蘇輿，謂建始無五年，十八年當建昭四年（前35），"始"乃"昭"之誤。

[231]【今注】案，王先謙《漢書補注》謂繁安，千乘縣。

[232]【今注】案，王先謙《漢書補注》謂《史記・建元已來王子侯者年表》"守"作"壽"。案，子名壽漢，父必非名壽，作"守"是也。

[233]【今注】案，王先謙《漢書補注》謂柳，勃海縣，《史記・建元已來王子侯者年表》作"陽"，無"已"字。

[234]【今注】案，王先謙《漢書補注》謂此"敷"亦"斂"之訛。

[235]【今注】案，王先謙《漢書補注》謂雲，琅邪縣，亦見《水經注・河水》。

[236]【今注】案，王先謙《漢書補注》謂《史記・建元已來王子侯者年表》"茂發"作"歲發"。

[237]【顏注】師古曰：渫，音先列反。【今注】案，王先謙《漢書補注》謂牟平，東萊縣。渫，《史記・建元已來王子侯者年表》作"渫"，《索隱》"渫，音薛"。楊樹達《漢書窺管》稱劉渫子孫遂家牟平，爲牟平人，見《後漢書》卷七六《劉寵傳》。

[238]【今注】案，王念孫《讀書雜志・漢書第二》謂自元狩

三年（前120）至太始元年（前96）凡二十五年，"三"字誤。

　　［239］【今注】案，王先謙《漢書補注》謂柴，泰山縣，亦見《水經注·汶水》。

　　［240］【今注】案，王先謙《漢書補注》謂《史記·建元已來王子侯者年表》"柏暢"作"柏陽"。

　　［241］【顏注】師古曰：歊音許昭反。【今注】案，王念孫《讀書雜志·漢書第二》卷四謂歊，當依《史記·建元已來王子侯者年表》作"鄗"。本書《地理志》鄗屬常山。

　　［242］【今注】案，王先謙《漢書補注》謂《史記·建元已來王子侯者年表》"將夜"作"洋"。

　　［243］【今注】案，王先謙《漢書補注》謂"三月癸酉"，《史記·建元已來王子侯者年表》作"十一月辛酉"。中山王子封皆同月日，此不得獨異。本表是。

　　［244］【今注】案，王先謙《漢書補注》謂《史記·建元已來王子侯者年表》作"桑丘"。《索隱》云《漢書》"表在深澤"，此奪"深澤"二字。

　　［245］【今注】案，王先謙《漢書補注》謂《索隱》有"（《漢書》）表在涿郡"，此奪"涿"字。

　　［246］【今注】案，王先謙《漢書補注》謂"二月"，當作"三月"，《史記·建元已來王子侯者年表》不誤。"十三"，當作"十二"。

　　［247］【今注】案，王先謙《漢書補注》謂樊輿，涿郡縣。《史記·建元已來王子侯者年表》"脩"作"條"，通用字。

　　［248］【今注】案，三月，蔡琪本、大德本同，殿本作"二月"，誤。

　　［249］【今注】案，王先謙《漢書補注》謂《索隱》引表注同。涿郡有成縣，無曲成。東萊曲成縣封蠱達孫皇柔爲侯國，元鼎二年（前115）方免，無並封一地之理，且距中山遠。是涿或別有曲成縣，免侯後併省耳。

　　[250]【今注】案，王先謙《漢書補注》謂《史記·建元已來王子侯者年表》"傳富"作"博"。

　　[251]【今注】案，王先謙《漢書補注》稱涿郡無安郭縣。《水經注·滱水》："滱水逕安郭亭南，武帝封中山靖王子傳富爲侯國。"又謂地與中山安國縣近，其後蓋併入安國。

　　[252]【今注】案，王先謙《漢書補注》謂安險，中山縣，亦見《水經注·滱水》。

　　[253]【今注】案，王先謙《漢書補注》謂《史記·建元已來王子侯者年表》"安道"作"安遥"，誤。

　　[254]【今注】案，王先謙《漢書補注》謂夫夷，零陵縣。

　　[255]【今注】案，王先謙《漢書補注》引蘇輿，謂元鼎五年（前112）至五鳳二年（前56），當云"五十七年"。

　　[256]【今注】案，王先謙《漢書補注》謂此春陵地屬零陵。《索隱》云"志屬南陽"，誤也。

　　[257]【今注】案，錢大昭《漢書辨疑》謂《後漢書》卷一四《城陽共王祉傳》、《文選·南郡賦》注引《東觀漢記》並作"考侯"。

　　[258]【今注】案，王先謙《漢書補注》謂都梁，零陵縣。《史記·建元已來王子侯者年表》"定"作"遂"。

　　[259]【顏注】師古曰：傒，音胡禮反。【今注】案，王先謙《漢書補注》謂《史記·建元已來王子侯者年表》"傒"作"係"。

　　[260]【今注】案，王先謙《漢書補注》謂《史記·建元已來王子侯者年表》名狗彘，兩見。《索隱》"《漢表》名將燕"，是小司馬所見本亦不作"狩燕"也。洮陽，零陵縣。

　　[261]【今注】案，王先謙《漢書補注》謂《史記·建元已來王子侯者年表》作"泉陵"。《索隱》"志屬零陵"，而未言《漢書》此表作"衆陵"，則"衆"是後來傳寫誤字。楊樹達《漢書窺管》稱《漢書·王莽傳》云"泉陵侯劉慶上書"，顏注引此作衆陵，並云表誤，是唐時表文已誤，王說未審。

［262］【今注】案，王先謙《漢書補注》引蘇輿，謂元朔五年（前124）至本始三年（前71）凡五十四年，此奪"四"字。

［263］【今注】案，王先謙《漢書補注》引蘇輿，謂當云"二十一年"。

［264］【今注】案，陳景雲《兩漢訂誤》卷一認爲，"衡山賜王"，疑"衡山王賜"之誤。但賜坐謀反國除，事在元狩元年（前122），若有子爲列侯，雖不與逆謀，亦應奪爵，不應至元鼎中始以酎金免矣。則"衡山賜"三字恐皆有誤。又，王先謙《漢書補注》謂《史記·建元已來王子侯者年表》正作"衡山王賜"，史文不具，所當闕疑。

［265］【今注】案，王先謙《漢書補注》引《水經注·濟水》："巨合水北逕巨合城，武帝封城陽頃王子發爲侯國。"在濟南東平陵界，非平原也。

［266］【顏注】師古曰：蕢，音口怪反，字或作"蕢"，音扶未反。又音"秘"。

［267］【今注】案，王先謙《漢書補注》謂《索隱》有"《漢書》在琅邪"，此奪"琅邪"二字。

［268］【顏注】師古曰：庨，音"乎"。葭，音工遐反。

［269］【今注】案，朱一新《漢書管見》謂自始封至神爵元年（前61）止五十六年，表誤。

［270］【今注】案，王先謙《漢書補注》謂《史記·建元已來王子侯者年表》"原"作"石"、"敢"作"敬"。

［271］【今注】案，王先謙《漢書補注》謂《史記·建元已來王子侯者年表》"挾術"作"涓扶"、"景"作"吾"。

［272］【今注】案，王先謙《漢書補注》謂《史記·建元已來王子侯者年表》"挾"作"校"。

［273］【今注】案，王先謙《漢書補注》引蘇輿，謂元鼎元年（前116）至始元四年（前83），當云"三十四年"。

［274］【今注】案，王先謙《漢書補注》謂扨，見志，先封齊

悼惠子辟光。

［275］【今注】案，王先謙《漢書補注》謂《史記·建元已來王子侯者年表》"文成"作"父城"，應以"文成"爲是。

［276］【顏注】師古曰：挍音效。

［277］【今注】案，王先謙《漢書補注》謂"餘"，《史記·建元已來王子侯者年表》作"譚"。

［278］【顏注】師古曰：鱣音竹連反。

［279］【顏注】師古曰：貢，音"奔"，又音"肥"。【今注】案，王先謙《漢書補注》謂襄貢，東海縣。蓋析置鱣縣以封應，國除省併也。

［280］【今注】案，王先謙《漢書補注》謂《史記·建元已來王子侯者年表》名偃，兩見。

［281］【顏注】師古曰：瓡，即瓠字也，又音孤。【今注】案，王念孫《讀書雜志·漢書第二》謂《史記·建元已來王子侯者年表》作"報侯劉息"。《集解》徐廣曰："一作'瓡'。"《索隱》："報，縣名，志屬北海。《漢》作'瓡'。節，謚也。韋昭以'瓡'爲諸縶反。"

［282］【今注】案，王先謙《漢書補注》引蘇輿，謂元鼎元年（前116）至元康三年（前63），當云"五十四年"。

［283］【今注】案，王先謙《漢書補注》謂虛水，琅邪縣。

［284］【今注】案，朱一新《漢書管見》謂"三"字誤，當作"四"。

［285］【今注】案，王先謙《漢書補注》引蘇輿，謂自地節元年（前69）至五鳳三年（前55）凡十五年，"七"字誤。

［286］【今注】案，王先謙《漢書補注》謂《索隱》有"《漢表》在東海"，與今本異。

［287］【今注】案，王先謙《漢書補注》謂《史記·建元已來王子侯者年表》"賢"作"買"，兩見。

［288］【今注】案，王先謙《漢書補注》謂"千乘"當爲

"東海"之誤。

[289]【顏注】師古曰:"淯"音"育"。

[290]【今注】案,朱一新《漢書管見》謂《史記·建元已來王子侯者年表》作"四月戊寅",誤。

[291]【顏注】師古曰:妹夫亡命,又有笞罪,而藏匿之,坐免也。【今注】案,沈欽韓《漢書疏證》稱此謂其妹夫有笞二百罪,亡命,延壽知而首匿,故免;非謂亡命後又有笞罪也。

[292]【今注】案,王先謙《漢書補注》謂壽光,北海縣。蓋當時析置陸縣爲侯國,後復併省。

[293]【今注】案,王先謙《漢書補注》謂廣饒,齊郡縣,亦見《水經注·淄水》。

[294]【今注】案,王先謙《漢書補注》謂"七月",《史記·建元已來王子侯者年表》作"十月",誤。

[295]【顏注】師古曰:"坊"音"房"。

[296]【今注】案,錢大昭《漢書辨疑》謂《漢書·王莽傳》有廣饒侯劉京奏符命。

[297]【顏注】師古曰:鉼音步于反。【今注】案,王先謙《漢書補注》謂鉼,琅邪縣,先封孫單。《索隱》引韋昭云:"古駢邑。"

[298]【今注】案,周壽昌《漢書注校補》認爲,成以齊孝王子劉澤與燕刺王子謀反告雋不疑,收捕澤以聞,益封鉼侯。此當加地益戶,表漏未叙及。朱一新《漢書管見》稱自元鼎元年(前116)至地節元年(前69)止四十八年,表誤。又王先謙《漢書補注》謂"七月",《史記·建元已來王子侯者年表》作"十月",誤。

[299]【今注】案,王先謙《漢書補注》引蘇輿,謂地節二年(前68)至元康二年(前64)止五年,"十"字衍。

[300]【顏注】師古曰:"俞"音"喻"。【今注】案,王先謙《漢書補注》謂"毋害",《史記·建元已來王子侯者年表》作"不害"。

[301]【今注】案,朱一新《漢書管見》稱自元鼎元年(前

116）至地節二年（前 68）實四十九年，此誤。又，王先謙《漢書補注》謂《史記·建元已來王子侯者年表》作“十月”，誤。

［302］【顔注】師古曰：“㷠”音“鄰”。【今注】案，十三年，蔡琪本作“十一年”，大德本、殿本作“十二年”。

［303］【今注】案，王先謙《漢書補注》謂《史記·建元已來王子侯者年表》“光”作“元”。

［304］【今注】案，王先謙《漢書補注》謂《史記·建元已來王子侯者年表》作“十月”，誤。

［305］【顔注】師古曰：隄，音十奚反。

［306］【今注】案，錢大昭《漢書辨疑》謂“始元”，當作“元始”。“曾祖”二字疑衍。

［307］【今注】案，王先謙《漢書補注》謂《史記·建元已來王子侯者年表》作“襄陵”。《索隱》云《漢書》“表在鉅鹿，志屬河東”，不言此表作“襄隄”，是小司馬所見本與《史記》不異。

［308］【顔注】師古曰：煬，音弋向反。後皆類此。【今注】案，王先謙《漢書補注》謂皋虞，琅邪縣。

［309］【今注】案，王先謙《漢書補注》引蘇輿，謂自太初四年（前 101）至本始元年（前 73）實二十九年，表誤。又稱《史記·建元已來王子侯者年表》“定”作“處”。

［310］【今注】案，錢大昭《漢書辨疑》謂“頌”非謚，疑“頃”之訛。

［311］【今注】案，王先謙《漢書補注》謂魏其，琅邪縣，先封竇嬰。《史記·建元已來王子侯者年表》“煬”作“暢”。

［312］【今注】案，王先謙《漢書補注》引蘇輿，謂自元封元年（前 110）始十七年，正當太始三年（前 94）。“本始”爲“太始”之誤。太始三年至甘露二年（前 52）實四十二年，此云“三十三年”，亦誤。

［313］【顔注】師古曰：“蟜”音“矯”。

［314］【今注】案，王先謙《漢書補注》引《水經注·膠水》：

"膠水逕祝兹故城東，武帝封膠東康王子延年爲侯國。"

［315］【顏注】師古曰：史失其名也。

［316］【今注】案，王先謙《漢書補注》謂高樂，勃海縣，"濟南"蓋誤。國除後以封東平思王孫修。

［317］【顏注】晉灼曰：䣜音悾䣜。師古曰：音子弄反，又音子公反。【今注】案，錢大昭《漢書辨疑》謂《郡國志》濟陰定陶有三䣜亭，即此參䣜。

［318］【顏注】師古曰：沂，音牛衣反。

［319］【顏注】師古曰：綟，音力專反。

［320］【顏注】師古曰：鄗，音呼各反。

［321］【顏注】師古曰：襢，古袓字也，音側據反。

［322］【顏注】師古曰：訊謂考問之。

［323］【今注】案，王先謙《漢書補注》謂爰戚，山陽縣，非濟南。後封趙長年。

［324］【今注】案，王先謙《漢書補注》謂栗，沛郡縣。

［325］【今注】案，王先謙《漢書補注》引蘇輿，謂征和元年（前92）至地節三年（前67），當云"二十六年"。

［326］【顏注】師古曰：浌音交，又音爻。【今注】案，王先謙《漢書補注》謂浌，沛郡縣，先封吕産。楊樹達《漢書窺管》稱王國維《齊魯封泥集存序》云：浌夷侯，浌《史》表作郊。今封泥有郊侯邑丞，則《史記》是，《漢書》非也。

［327］【顏注】晉灼曰：狋音内言鴅。師古曰：音于虬反。【今注】案，王先謙《漢書補注》謂狋，濟南縣。

［328］【今注】案，王先謙《漢書補注》引蘇輿，謂征和元年（前92）至始元五年（前82）止十一年，"三"字誤。

［329］【顏注】鄭氏曰：抑裝，音即非，在肥鄉縣南五里即非成也。

［330］【今注】案，王先謙《漢書補注》謂抑裝，魏郡縣，非

東海。

［331］【顏注】師古曰：澎音彭，東海縣也。屈音丘勿反，又音求勿反。【今注】案，王先謙《漢書補注》謂彭，即澎也。先封秦同及城陽頃王子强。

［332］【今注】案，王先謙《漢書補注》謂澎侯以丞相封，則恩澤侯也。本傳"以澎户二千二百封"。

漢書　卷一五下

王子侯表第三下

孝元之世，亡王子侯者，[1]盛衰終始，豈非命哉！元始之際，王莽擅朝，僞襃宗室，侯及王之孫焉；[2]居攝而愈多，非其正，故弗録。[3]旋踵亦絶，悲夫！

　　[1]【今注】案，《漢書考證》齊召南謂元帝三子：一成帝；一定陶王，其子爲哀帝；一中山王，其子爲平帝。二王更無餘子封侯者也。
　　[2]【顏注】師古曰：王之孫亦得封侯，謂承鄉侯閔以下是也。
　　[3]【顏注】師古曰：王莽所封，故不以爲正也。

號謚姓名[1]	松兹戴侯霸[2]	温水侯安國
屬	六安共王子。	膠東哀王子。
始封	元始五年六月辛丑封，二十二年薨。	六月辛丑封，十年，本始二年，坐上書爲妖言，[6]會赦，免。
子	神爵二年，恭侯始嗣。[3]	
孫	頃侯綝嗣。[4]	
曾孫	侯均嗣。王莽篡位，絕者凡百八十一人。[5]	
玄孫		

蘭旗頃侯臨朝[7]	容丘戴侯方山[8]	良成頃侯文德[9]
魯安王子。	魯安王子。	魯安王子。
六月辛丑封，二十二年薨。	六月辛丑封。	六月辛丑封。
神爵二年，節侯去疾嗣，七年薨。	頃侯未央嗣。	共侯舜嗣。
甘露元年，釐侯嘉嗣。	侯昭嗣，絕。	釐侯原嗣。
侯位嗣，絕。		戴侯元嗣。
		侯閔嗣，絕。

蒲領煬侯禄[10]		南曲煬侯遷[12]
清河綱王子。[11]		清河綱王子。
六年五月乙卯封。		五月乙卯封，三十年薨。
哀侯推嗣，亡後。	元延三年，節侯不識以推弟紹封。	甘露三年，節侯江嗣。
	侯京嗣，免。	侯尊嗣，免。

高城節侯梁[13]	成獻侯喜[15]	新市康侯吉
長沙頃王子。	中山康王子。	廣川繆王子。
六月乙未封。	元鳳五年十一月庚子封，十五年薨。	十一月庚子封，二十五年薨。
質侯景嗣。	神爵元年，頃侯得疵嗣。[16]	甘露三年，頃侯義嗣。
頃侯請士嗣。[14]	煬侯備嗣。[17]	侯欽嗣。
侯馮嗣，免。	哀侯貴嗣，建平元年薨，亡後。	
	涿郡	堂陽[18]

江陽侯仁	陽武侯	右孝昭十一
城陽慧王子。[19]	孝武皇帝曾孫。	一[21]
六年十一月乙丑封，十年，元康元年，坐役使附落免。[20]	元平元年七月庚申封，即日即皇帝位。	
東海		

朝陽荒侯聖	平曲節侯曾[23]	南利侯昌[24]
廣陵屬王子。	廣陵屬王子。	廣陵屬王子。
本始元年七月壬子封。	七月壬子封，十九年，五鳳四年，坐父祝詛上，免，後復封。	七月壬子封，五年，地節二年，坐賊殺人免。
思侯廣德嗣。	釐侯臨嗣。	
侯安國嗣，免。[22]	侯農嗣，免。	
濟南	東海	汝南

安定戾侯賢[25]	東襄愛侯寬	宣處節侯章
燕剌王子。	廣川繆王子。	中山康王子。
七月壬子封。	三年四月壬申封。[26]	三年六月甲辰封，四年薨。
頃侯延年嗣。	侯使親嗣，[27] 建昭元年薨，亡後。	地節三年，原侯衆嗣，薨，亡後。
侯昱嗣，免。		
鉅鹿	信都	

脩市原侯寅	東昌趡侯成[28]	新鄉侯豹[29]
清河綱王子。	清河綱王子。	清河綱王子。
四年四月己丑封，三年薨。	四月己丑封。	四月乙丑封，四年薨。[30]
地節三年，頃侯千秋嗣。	頃侯親嗣。	地節四年，釐侯步可嗣。
釐侯元嗣。	節侯霸嗣。	煬侯尊嗣。
侯雲嗣，免。	侯祖嗣，免。	侯佟嗣，始元五年上書言王莽宜居攝，莽篡位，賜姓王。[31]
勃海		

脩故侯福	東陽節侯弘[32]	新昌節侯慶
清河綱王子。	清河綱王子。	燕剌王子。
四月己丑封，五年，元康元年，坐首匿群盜棄市。	四月己丑封，十年薨。	五月癸丑封。
	神爵二年，釐侯縱嗣。	頃侯稱嗣。
	頃侯迺始嗣。	哀侯未央嗣，薨，亡後。
	哀侯封親嗣。	
清河	侯伯造嗣，免。	涿

	邯莘節侯偃[34]	樂陽繆侯説
	趙頃王子。	趙頃王子。
	地節二年四月癸卯封，九年薨。	四月癸卯封。
	神爵三年，釐侯勝嗣。	孝侯宗嗣。
元延元年，釐侯嬺以未央弟紹封。[33]	頃侯度嗣。	頃侯崇嗣。
侯普嗣，免。	侯定嗣，免。	侯鎮嗣，免。
	魏	常山

桑中戴侯廣漢[35]		張侯嵩
趙頃王子。		趙頃王子。
四月癸卯封。		四月癸卯封，八年，神爵二年，坐賊殺人，上書要上，下獄瘐死。[36]
節侯縱嗣。		
頃侯敬嗣，亡後。	元延二年，侯舜以敬弟紹封，十九年免。	
		常山[37]

景成原侯雍	平隄嚴侯招[39]	樂鄉憲侯佟
河間獻王子。[38]	河間獻王子。	河間獻王子。
四月癸卯封，六年薨。	四月癸卯封，一年薨。	四月癸卯封，九年薨。
元康四年，頃侯歐嗣。	三年，繆侯榮嗣。	神爵三年，節侯蒯嗣。
釐侯禹嗣。	節侯曾世嗣。	頃侯鄧嗣。
節侯福嗣，免。	釐侯育嗣。	釐侯勝嗣。
勃海	鉅鹿[40] 侯廼始嗣，免。	鉅鹿[41] 侯地緒嗣，免。

高郭節侯瞱[42]		
河間獻王子。		
四月癸卯封，薨。		
孝侯久長嗣。		**六世** 侯發嗣，免。
頃侯菲嗣。[43]		
共侯稱嗣。		
哀侯霸嗣，薨，亡後。	**鄭** 元延元年，侯異眾以霸弟紹封。[44]	

樂望孝侯光	成康侯饒	柳泉節侯强
膠東戴王子。	膠東戴王子。	膠東戴王子。
四年二月甲寅封。	二月甲寅封。	二月甲寅封，十七年薨。
釐侯林嗣。	侯新嗣，免。	黃龍元年，孝侯建嗣。
侯起嗣，免。		煬侯萬年嗣。
		侯永昌嗣，免。
北海	北海[45]	南陽[46]

復陽嚴侯延年[47]	鍾武節侯度[48]	
長沙頃王子。	長沙頃王子。	
元康元年正月癸卯封。	正月癸卯封。	
煬侯漢嗣。	孝侯宣嗣。	元延二年，節侯則以霸叔父紹封。
侯道嗣，免。	哀侯霸嗣，亡後。	
南陽		

高城節侯梁	宣陽侯賜[51]	海昏侯賀
長沙頃王子。	六安夷王子。	昌邑哀王子。
正月癸卯封。[49]	二年五月丙戌封，二十八年，建昭二年，坐上書歸印綬免八百戶。	三年四月壬子，以昌邑王封，四年，神爵三年薨。坐故行淫辟，不得置後。[52]
質侯景嗣。		初元三年，釐侯代宗以賀子紹封。
頃侯諸士嗣。[50]		原侯保世嗣。
侯馮嗣，免。		侯會邑嗣，免，建武後封。[53]
	豫章	豫章

曲梁安侯敬	遽鄉侯宣[55]	新利侯偃
平干頃王子。	真定列王子。[56]	膠東戴王子。
七月壬子封。	四年三月甲寅封,二年薨,亡後。	神爵元年四月癸巳封,十一年,甘露四年,坐上書謾,免,復更封戶都侯,建始三年又上書謾,免。四百戶。
節侯時光嗣。		
侯瓠辯嗣,免。		
魏郡[54]	常山	

樂信頃侯强	昌成節侯元	廣鄉孝侯明
廣川繆王子。	廣川繆王子。	平干頃王子。
三年四月戊戌封。	四月戊戌封，四年薨。	七月壬申封。
孝侯何嗣。	五鳳三年，頃侯齒嗣。	節侯安嗣。
節侯賀嗣。	釐侯應嗣。	釐侯周齊嗣。
侯涉嗣，免。	質侯江嗣，建平三年薨，亡後。	侯充國嗣，免。
鉅鹿	信都	鉅鹿[57]

成鄉質侯慶[58]		平利節侯世
平干頃王子。		平干頃王子。
七月壬申封，九百户。		四年三月癸丑封。
節侯霸嗣，鴻嘉三年薨，亡後。	元延二年，侯果以霸弟紹封，十九年免。	質侯嘉嗣。
		釐侯禹嗣。
		侯旦嗣，免。
廣平		魏郡[59]

平鄉孝侯壬[60]	平篡節侯梁	成陵節侯元[63]
平干頃王子。	平干頃王子。	平干頃王子。
三月癸丑封。	三月癸丑封，薨，亡後。[62]	三月癸丑封，四百一十户。
節侯成嗣。		侯德嗣，鴻嘉二年，[64]坐弟與後母亂，共殺兄，德知不舉，不道，下獄病死。
侯陽嗣，免。		
魏郡[61]	平原	廣平

西梁節侯闒兵[65]	歷鄉康侯必勝	陽城愍侯田
廣川戴王子。	廣川繆王子。	平干頃王子。
三年乙亥封，七年薨。	七月壬子封，五年薨。	七月壬子封。
甘露三年，孝侯廣嗣。	甘露元年，頃侯長壽嗣。	節侯賢嗣。
哀侯宮嗣。	繆侯宮嗣。	釐侯説嗣。
侯敞嗣，免。	侯東之嗣，免。	侯報嗣，免。
鉅鹿[66]	鉅鹿	

祚陽侯仁	武陶節侯朝	陽興侯昌
平王頃王子。	廣川繆王子。	河間孝王子。
五鳳元年四月乙未封，十三年，初元五年，坐擅興縣賦，削爵一級，爲關內侯，九百一十户。	七月壬午封。	十二月癸巳封，二十六年，建始二年，坐朝私留它縣，使庶子殺人，棄市。千三百五十户。[67]
	孝侯弘嗣。	
	節侯勳嗣。	
	侯京嗣，免。	
廣平	鉅鹿	涿郡

利鄉孝侯安	都鄉孝侯景	昌慮康侯弘[71]
中山頃王子。	趙頃王子。	魯孝王子。
甘露元年三月壬辰封。	二年七月辛未封。	四年閏月丁亥封。
戴侯遂嗣。	侯湅嗣，免。[69]	釐侯奉世嗣。
侯國嗣，免。		侯蓋嗣，免。
常山[68]	東海[70]	泰山[72]

平邑侯敞	山鄉節侯縮	建陵靖侯遂[74]
魯孝王子。	魯孝王子。	魯孝王子。
閏月丁亥封，二年，初元元年，坐殺一家二人棄市。[73]	閏月丁亥封。	閏月丁亥封，一年薨。
	侯丘嗣，免。	黃龍元年，節侯魯嗣。
		侯連文嗣，免。
東海	東海	東海

合陽節侯平	東安孝侯強	承鄉節侯當[76]
魯孝王子。	魯孝王子。	魯孝王子。
閏月丁亥封，千一百六十户。	閏月丁亥封。	閏月丁亥封，二千七百户。
孝侯安上嗣，建始元年薨，亡後。	侯拔嗣，免。	侯德天嗣，鴻嘉二年，坐恐猲國人，受財臧五百以上，免。
東海[75]	東海	東海[77]

建陽節侯咸	高鄉節侯休	茲鄉孝侯弘
魯孝王子。	城陽惠王子。	城陽荒王子。
閏月丁亥封。	十一月壬申封。	十一月壬申封。
孝侯霸嗣。	頃侯興嗣。	頃侯昌嗣。
侯並嗣，免。	侯革始嗣，免。	節侯應嗣。
		侯宇嗣，免。
東海	琅邪	琅邪

藉陽侯顯	都平愛侯丘	棗原侯山
城陽荒王子。	城陽荒王子。	城陽荒王子。
十一月壬申封，十六年，建昭四年，坐恐猲國民取財物，免。六百户。	十一月壬申封。	十一月壬申封。
	恭侯訴嗣。	節侯蒭嗣。
	侯堪嗣，免。	侯妾得嗣，薨，亡後。
東海	東海	琅邪[78]

箕愿侯文[79]	高廣節侯勳	即來節侯佼[82]	右孝宣
城陽荒王子。	城陽荒王子。	城陽荒王子。	
十一月壬申封。	十一月壬申封。	十一月壬申封。	
節侯瞵嗣。[80]	哀侯賀免。[81]	侯欽嗣，免。	
侯襃嗣，免。	質侯福嗣。		
	侯吳嗣，免。		
琅邪	琅邪	琅邪	

膠鄉敬侯漢	桃煬侯良	安平釐侯習
高密哀王子。	廣川繆王子。	長沙孝王子。
初元元年三月丁巳封，七百四十户。	三月封。	三月封。
節侯成嗣，陽朔四年薨，亡後。[83]	共侯敝嗣。	侯嘉嗣，免。
	侯狗嗣，免。	
琅邪[84]	鉅鹿[85]	鉅鹿[86]

陽山節侯宗	庸釐侯談	昆山節侯光
長沙孝王子。	城陽荒王子。	城陽荒王子。
三月封。	三月封，九百一十户。	三月封。
侯賀奴嗣，免。[87]	侯端嗣，永光二年，坐強姦人妻，會赦，免。	侯儀嗣，免。
桂陽	琅邪	琅邪

折泉節侯根	博石頃侯淵	要安節侯勝
城陽荒王子。	城陽荒王子。	城陽荒王子。
三月封。	三月封。	三月封。
侯詡嗣，免。	侯獲嗣，免。	哀侯守嗣，薨，亡後。
琅邪	琅邪	琅邪[88]

房山侯勇	式節侯憲[89]	
城陽荒王子。	城陽荒王子。	
三月封，五十六年薨。	三月封，三百户。	
	哀侯霸嗣，鴻嘉元年薨，亡後。	元延元年，侯萌以霸弟紹封，十九年免。
琅邪	泰山	

臨鄉頃侯雲	西鄉頃侯容[90]	陽鄉思侯發
廣陽頃王子。	廣陽頃王子。	廣陽頃王子。
五年六月封。	六月封。	六月封。
侯交嗣，免。	侯景嗣，免。	侯度嗣，免。
涿	涿	涿

益昌頃侯嬰	羊石頃侯回	石鄉煬侯理
廣陽頃王子。	膠東頃王子。	膠東頃王子。
永光三年三月封。	三月封。	三月封。
共侯政嗣。	共侯成嗣。	侯建國嗣，免。
侯福嗣，免。	侯順嗣，免。	
涿	北海	北海

新城節侯根	上鄉侯歃[91]	于鄉節侯定
膠東頃王子。	膠東頃王子。	泗水勤王子。
三月封。	三月封，三十九年免。	三月封。
侯霸嗣，免。		侯聖嗣，免。
北海	北海	東海

就鄉節侯瑋	石山節侯玄[93]	都陽節侯音[95]
泗水勤王子。	城陽戴王子。	城陽戴王子。
三月封，七年薨，亡後。[92]	三月封。	三月封。
	釐侯嘉嗣，免。[94]	侯閎嗣，免。
東海		

參封侯嗣[96]	伊鄉頃侯遷[97]	襄平侯瞫[98]
城陽戴王子。	城陽戴王子。	廣陽屬王子。[99]
三月封。	三月封，薨，亡後。	五年三月封，四十七年免。
侯殷嗣，免。		

葲鄉侯平[100]	樂侯義	中鄉侯延年[101]
梁敬王子。	梁敬王子。	梁敬王子。
建昭元年正月封，四年，病狂自殺。	正月封，四年，坐使人殺人，髡爲城旦。	正月封，四十六年薨。

鄭頃侯罷軍[102]	黃節侯順	平樂節侯遷[104]
梁敬王子。	梁敬王子。	梁敬王子。
正月封。	正月封。	正月封。
節侯駿嗣。	鰲侯申嗣，元壽二年薨，亡後。	侯寶嗣，免。
侯良嗣，免。		
	濟陰[103]	

菑鄉釐侯就	東鄉節侯方	陵鄉侯訴
梁敬王子。	梁敬王子。	梁敬王子。
正月封。	正月封。	正月封，七年，建始二年，坐使人傷家丞，又貸穀息過律，免。[106]
侯逢喜嗣，免。	侯護嗣，免。	
濟南[105]	沛	沛

溧陽侯欽[107]	釐鄉侯固[108]	高柴節侯發
梁敬王子。	梁敬王子。	梁敬王子。
正月封。	正月封，二十一年，鴻嘉四年，坐上書歸印綬，免。四百二十二户。[109]	正月封。
侯畢嗣，免。		釐侯賢嗣。
		侯隱嗣，免。
沛	沛	沛

臨都節侯未央[110]	高質侯舜[111]	北鄉侯譚[112]
梁敬王子。	梁敬王子。	菑川孝王子。
正月封。	正月封。	四年六月封，四十三年免。
侯息嗣，免。	釐侯始嗣。	
	侯便翁嗣，免。	

蘭陵節侯宜[113]	廣平節侯德[114]	博鄉節侯交[116]
廣陵孝王子。	廣陵孝王子。	六安繆王子。
五年十二月封。	十二月封。	竟寧元年四月丁卯封。
共侯譚嗣。	侯德嗣，免。[115]	侯就嗣，免。
侯便强嗣，免。		

柏鄉戴侯買[117]	安鄉孝侯喜[118]	廣鬷侯便
趙哀王子。	趙哀王子。	菑川孝王子。
四月丁卯封。	四月丁卯封。	四月丁卯封。
頃侯雲嗣。	鬷侯胡嗣。	節侯護嗣。
侯譚嗣，免。	侯合眾嗣，免。	侯牢嗣，[119]免。
		齊

平節侯服	右孝元	昌鄉侯憲[121]
菑川孝王子。		膠東頃王子。
四月丁卯封。		建始二年正月封，三十年，元壽二年，坐使家丞封上印綬，免。
侯嘉嗣，免。		
齊[120]		

順陽侯共[122]	樂陽侯獲[123]	平城釐侯邑[124]
膠東頃王子。	膠東頃王子。	膠東頃王子。
正月封，三十九年免。	正月封，三十九年免。	正月封。
		節侯珍嗣。
		侯理嗣，免。

密鄉頃侯林[125]	樂都煬侯訢[126]	卑梁侯都[127]
膠東頃王子。	膠東頃王子。	高密頃王子。
正月封。	正月封。	正月封，三十九年免。
孝侯欽嗣。	繆侯臨嗣。	
侯敞嗣，免。	侯延年嗣，免。	

膠東侯恁[128]	武鄉侯慶[129]	成鄉鰲侯安[130]
高密頃王子。	高密頃王子。	高密頃王子。
正月封，三十九年免。	正月封。	正月封。
	侯勁嗣，免。	侯德嗣，免。

麗兹共侯賜[131]	竇梁懷侯强	廣戚煬侯勳[132]
高密頃王子。	河間孝王子。	楚孝王子。
正月封。	正月封，四年薨，亡後。	河平三年二月乙亥封。
侯放嗣，免。		侯顯嗣。
		子嬰，居攝元年爲孺子，王莽篡位，爲定安公，莽敗，死。

陰平釐侯回[133]		樂平侯訢
楚孝王子。		淮陽憲王子。
陽朔二年正月丙午封。		閏六月壬午封，病狂易，免。[135]
侯詩嗣，免。	承鄉[134] 元始元年二月丙午，侯闊以孝王孫封，八年免。	外黃[136] 元始元年二月丙辰，侯圍以憲王孫封，八年免。

		邼鄉侯閔[138]
		魯頃王子。
		四年四月甲寅封，十七年，建平三年，爲魯王。
高陽 二月丙辰，侯並以憲王孫封，八年免。	平陸[137] 二月丙辰，侯寵以憲王孫封，八年免。	宰鄉 侯延以頃王孫封，八年免。

建鄉釐侯康[139]	安丘侯常[140]	栗鄉頃侯護[141]
魯頃王子。	高密頃王子。	東平思王子。
四月甲寅封。	鴻嘉元年正月癸巳封，二十八年免。	四月辛巳封。
侯自當嗣，免。		侯玄成嗣，免。

金鄉[142] 元始元年二月丙辰，侯不害以思王孫封，八年免。	平通[143] 二月丙辰，侯旦以思王孫封，八年免。	西安[144] 二月丙辰，侯漢以思王孫封，八年薨。

		桑丘侯頃[145]
		東平思王子。
湖鄉 二月丙辰，侯開以思王孫封，八年免。	重鄉 二月丙辰，侯少柏以思王孫封，八年薨。	四月辛巳封。
		陽興[146] 二月丙辰，侯寄生以思王孫封，八年免。

陵陽 二月丙辰，侯嘉以思王孫封，八年免。	**高樂**[147] 二月丙辰，侯修以思王孫封，八年免。	**平邑**[148] 二月丙辰，侯閔以思王孫封，八年免。

平篹[149] 二月丙辰，侯況以思王孫封，八年免。	合昌 二月丙辰，侯輔以思王孫封，八年免。	伊鄉[150] 二月丙辰，侯開以思王孫封，八年免。

就鄉[151] 二月丙辰，侯不害以思王孫封，八年免。	膠鄉[152] 二月丙辰，侯武以思王孫封，八年免。	宜鄉[153] 二月丙辰，侯恢以思王孫封，八年免。

		桃鄉頃侯宣[155]
		東平思王子。
		二年正月戊子封。
昌城 二月丙辰，侯豐以思王孫封，八年免。	樂安[154] 二月丙辰，侯禹以思王孫封，八年免。	侯立嗣，免。

新陽頃侯永[156]	陵石侯慶[158]	祁鄉節侯賢[159]
魯頃王子。	膠東共王子。	梁夷王子。
五月戊子封。[157]	四年六月乙巳封，二十五年免。	永始二年五月乙亥封。
侯級嗣，免。		侯富嗣，免。

富陽侯萌[160]	曲鄉頃侯鳳	桃山侯欽[162]
東平思王子。	梁荒王子。	城陽孝王子。
三年三月庚申封，二十三年免。	六月辛卯封，十七年薨。	四年五月戊申封，二十一年免。
	侯雲嗣，免。	
	濟南[161]	

昌陽侯霸[163]	臨安侯閔[164]	徐鄉侯炔[165]
泗水戾王子。	膠東共王子。	膠東共王子。
五月戊申封，二十一年免。	五月戊申封，二十一年免。	元延元年二月癸卯封，二十一年，王莽建國元年，舉兵欲誅莽，死。
		齊[166]

臺鄉侯畛[167]	西陽頃侯竝	堂鄉哀侯恢[169]
菑川孝王子。	東平思王子。	膠東共王子。
二年正月癸卯封，十八年免。	四月甲寅封。	綏和元年五月戊午封，三年薨，亡後。
	侯偃嗣，免。	
	東萊[168]	

安國侯吉[170]	梁鄉侯交[171]	襄鄉頃侯福
趙共王子。	趙共王子。	趙共王子。
六月丙寅封，十六年免。	六月丙寅封，十六年免。	六月丙寅封。
		侯章嗣，免。

容鄉釐侯强	緄鄉侯固[172]	廣昌侯賀[173]
趙共王子。	趙共王子。	河間孝王子。
六月丙寅封。	六月丙寅封，十六年免。	六月丙寅封，十六年免。
侯弘嗣，免。		

都安節侯普	樂平侯永	方鄉侯常得
河間孝王子。	河間孝王子。	廣陽惠王子。[174]
六月丙寅封。	六月丙寅封，十六年免。	六月丙寅封，十六年免。
侯胥嗣，免。		

庸鄉侯宰	右孝成	南昌侯宇
六安頃王子。		河間惠王子。
三年七月庚午封，十五年免。[175]		建平二年五月丁酉封，十三年免。

嚴鄉侯信	武平侯璜	陵鄉侯曾
東平煬王子。	東平煬王子。	楚思王子。
五月丁酉封，四年，坐父大逆，免，元始元年復封。六年，王莽居攝二年，東郡太守翟義舉兵，立信爲天子，兵敗，死。[176]	五月丁酉封，四年，坐父大逆，免，元始元年復封，居攝二年舉兵死。	四年三月丁卯封，至王莽六年，舉兵欲誅莽，死。

武安侯慢[177]	湘鄉侯昌[178]	方樂侯嘉
楚思王子。	長沙王子。[179]	廣陵繆王子。
三月丁卯封，二年，元壽二年，坐使奴殺人免，元始元年復封，八年免。	五月丙午封，十一年免。	元壽元年五月乙卯封，十一年免。

宜禾節侯得	富春侯玄	右孝哀[180]
河間孝王子。	河間孝王子。	
二年四月丁酉封。	四月丁酉封，十年免。	
侯恢嗣，免。		

陶鄉侯恢	釐鄉侯褒[181]	昌鄉侯且[182]
東平煬王子。	東平煬王子。	東平煬王子。
元始元年二月丙辰封，八年免。	二月丙辰封，八年免。	二月丙辰封，八年免。

新鄉侯鯉[183]	郜鄉侯光[184]	新城侯武
東平煬王子。	楚思王子。	楚思王子。
二月丙辰封，八年免。	二月丙辰封，八年免。	二月丙辰封，八年免。

宜陵侯豐	堂鄉侯護[185]	成陵侯由
楚思王子。	楚思王子。	楚思王子。
二月丙辰封，八年免。	二月丙辰封，八年免。	二月丙辰封，八年免。

成陽侯衆[186]	復昌侯休	安陸侯平[187]
楚思王子。	楚思王子。	楚思王子。
二月丙辰封，八年免。	二月丙辰封，八年免。	二月丙辰封，八年免。

梧安侯譽[188]	朝鄉侯充	扶鄉侯普[189]
楚思王子。	楚思王子。	楚思王子。
二月丙辰封，八年免。	二月丙辰封，八年免。	二月丙辰封，八年免。

方城侯宣[190]	當陽侯益[191]	廣城侯妻[192]
廣陽繆王子。	廣陽思王子。	廣陽思王子。
二年四月丁酉封，七年免。	四月丁酉封，七年免。	四月丁酉封，七年免。

春城侯允	昭陽侯賞[193]	承陽侯景[194]
東平煬王子。	長沙剌王子。	長沙剌王子。
四月丁酉封，七年免。	五年閏月丁酉封，四年免。	閏月丁酉封，四年免。

信昌侯廣	吕鄉侯尚	李鄉侯殷
真定共王子。	楚思王子。	楚思王子。
閏月丁酉封，四年免。	閏月丁酉封，四年免。	閏月丁酉封，四年免。

宛鄉侯隆	壽泉侯承	杏山侯遵[195]	右孝平
楚思王子。	楚思王子。	楚思王子。	
閏月丁酉封，四年免。	閏月丁酉封，四年免。	閏月丁酉封，四年免。	

[1]【今注】案，錢大昕《廿二史考異·漢書一》謂宗室例不書姓，"姓"字衍文。

[2]【今注】案，王先謙《漢書補注》謂松兹，廬江縣。

[3]【今注】案，恭，蔡琪本、大德本、殿本作"共"。

[4]【顏注】師古曰：纏，音千涉反。

[5]【顏注】師古曰：此下言免、絶者皆是也。

[6]【今注】妖言：罪名。指以怪誕不經之説詆毀他人的行爲。非議皇帝或危害統治的言論，即"妖言"罪的主要内容。秦漢時有妖言令，高后元年（前187）、文帝前元年（前179）曾一再下詔廢止，但終漢之世未能盡除，並爲其後歷朝所沿襲。

[7]【今注】案，王先謙《漢書補注》謂"旗"，當爲"祺"。蘭祺，東海縣。

[8]【今注】案，王先謙《漢書補注》謂容丘，東海縣。

[9]【今注】案，王先謙《漢書補注》謂良成，東海縣。

[10]【今注】案，王先謙《漢書補注》謂蒲領，勃海縣，先封廣川惠王子嘉。

[11]【今注】案，《漢書考證》齊召南謂"綱"，應作"剛"，《諸侯王表》可證。

[12]【今注】案，王先謙《漢書補注》謂南曲，廣平縣。

[13]【今注】案，王先謙《漢書補注》謂高城，南郡縣。

[14]【今注】案，王先謙《漢書補注》謂後宣帝封，複出，作"諸士"。

[15]【今注】案，王先謙《漢書補注》謂成，見志，先封董渫。

[16]【顏注】師古曰：疵，音才斯反。

[17]【顏注】師古曰：偹，音普等反。

[18]【今注】案，王先謙《漢書補注》謂新市，鉅鹿縣，封時分堂陽置，先封王棄之。

［19］【今注】案，《漢書考證》齊召南謂“慧”，應作“惠”，音近致訛。

［20］【顏注】師古曰：有聚落來附者，輒役使之，非法制也。

［21］【今注】十二：朱一新《漢書管見》謂總題上數也。各處皆無之，疑傳寫脫誤。

［22］【今注】案，王先謙《漢書補注》引蘇輿，謂《文獻通考》卷二六六《封建考七》“安國”作“安國”。

［23］【今注】案，王先謙《漢書補注》謂平曲，見志，先封周堅。

［24］【今注】案，王先謙《漢書補注》謂南利，地屬女陽縣，見《水經注·潁水》，蓋免侯後併入。

［25］【今注】案，王先謙《漢書補注》謂傳作“定安”，誤。

［26］【今注】案，施丁《漢書新注》謂“三”當作“二”。

［27］【今注】案，錢大昭《漢書辨疑》謂“使”當作“便”。“便親”猶“利親”也。表中參户、平的、劇魁三侯皆名利親。

［28］【顏注】晉灼曰：音躁疾。師古曰：即古躁字也。【今注】案，沈欽韓《漢書疏證》稱《謚法》有“好變動民曰躁”。王先謙《漢書補注》謂東昌，信都縣。

［29］【今注】案，王先謙《漢書補注》謂新鄉，清河縣。卷九九《王莽傳》同。《地理志》作“信鄉”，古字通。後封東平煬王子鯉。楊樹達《漢書窺管》稱《漢書·王莽傳上》作信鄉侯佟。

［30］【今注】案，乙丑，大德本同，蔡琪本作“己丑”，殿本作“巳丑”。錢大昭《漢書辨疑》謂“乙”，當作“己”。下修故侯亦誤。

［31］【顏注】師古曰：佟，音徒冬反。

［32］【今注】案，王先謙《漢書補注》謂東陽，清河縣，先封張相如。

［33］【顏注】師古曰：蟲，音乃了反。

［34］【顏注】師古曰：邯音寒。菁音溝。【今注】案，王先謙

《漢書補注》謂志作"邯溝"。

[35]【今注】案，王先謙《漢書補注》謂桑中，常山縣。

[36]【顏注】師古曰：要上者，怙親而不服罪也。

[37]【今注】案，王先謙《漢書補注》謂張，廣平縣，非常山，先封彭昭。

[38]【今注】案，《漢書考正》劉攽謂獻王薨，至此六十年，不應有未封之子，疑誤。

[39]【顏注】師古曰：隄，音丁奚反。

[40]【今注】案，王先謙《漢書補注》謂平隄，信都縣，非鉅鹿。

[41]【今注】案，王先謙《漢書補注》謂樂鄉，信都縣，非鉅鹿。

[42]【顏注】師古曰：瞱，音一蓋反。【今注】案，王先謙《漢書補注》謂高郭，涿郡縣。

[43]【顏注】師古曰："菲"音"斐"。

[44]【顏注】師古曰：河間之縣也，音莫。【今注】案，王先謙《漢書補注》謂鄚，涿郡縣。顏說誤。

[45]【今注】案，王先謙《漢書補注》謂當作"饒康侯成"，文誤倒。北海有饒，注云"侯國"；無成縣。

[46]【今注】案，王先謙《漢書補注》謂柳泉，北海縣，非南陽。

[47]【顏注】師古曰：復，音力目反。

[48]【今注】案，錢大昭《漢書辨疑》稱《後漢書》卷一一《劉玄傳》有"前鍾武侯劉望起兵，略有汝南……遂自立爲天子"，然未知度幾世孫，表未載。王先謙《漢書補注》謂鍾武，江夏縣。

[49]【今注】案，錢大昭《漢書辨疑》謂此侯見前，止始封年月不同，重出無疑。但始元所封長沙頃王子惟一侯，而元康元年（前65）與復陽、鍾武同日封，似宜去彼存此。

［50］【今注】案，王先謙《漢書補注》謂前昭帝封，複出，作"請士"。

［51］【今注】案，宣陽，蔡琪本、大德本、殿本作"富陽"。王先謙《漢書補注》謂富陽，泰山縣，國除後以封東平思王子萌。

［52］【顏注】師古曰：辟讀曰僻。【今注】案，王先謙《漢書補注》引蘇輿，謂上有"二年"，此不應複出"二年"二字，"二"當爲"三"。自元康三年（前63）至神爵二年（前60），適合四年，明"二"是"三"之誤。又稱據紀，是三年。"昌邑王"上當有"故"字。

［53］【今注】案，錢大昭《漢書辨疑》謂傳云"今見爲"，疑脫"今見"。

［54］【今注】案，王先謙《漢書補注》謂曲梁，廣平縣，非魏郡。

［55］【今注】案，錢大昭《漢書辨疑》引錢坫曰：《後漢書》卷二二《杜茂傳》"（茂）定封參蘧鄉侯"。謂茂歷封樂鄉、苦陘、廣武、修等地，並近常山，疑遽鄉即蘧鄉。

［56］【今注】案，《漢書考證》齊召南謂"列"，應作"烈"，以征和四年（前89）嗣真定王。

［57］【今注】案，王先謙《漢書補注》謂廣鄉，廣平縣，非鉅鹿。

［58］【今注】案，王先謙《漢書補注》謂"成鄉"，見《地理志》，作"城鄉"。

［59］【今注】案，王先謙《漢書補注》謂平利，廣平縣，非魏郡。

［60］【今注】案，錢大昭《漢書辨疑》謂《文獻通考》卷二六六《封建考七》"壬"作"任"。

［61］【今注】案，王先謙《漢書補注》謂平鄉，廣平縣，非魏郡。

［62］【今注】案，王先謙《漢書補注》謂後封東平思王孫況。

[63]【今注】案，元，蔡琪本、大德本、殿本作“充”。

[64]【今注】案，二年，大德本同，蔡琪本、殿本作“三年”。

[65]【今注】案，陳直《漢書新證》謂“鬬兵”爲“辟兵”之假借字，《急就篇》云：“高辟兵。”歙縣黄氏藏有“辟兵龍蛇”玉印，西安漢城遺址出土有“除凶去殃，辟兵莫當”壓勝錢，皆可與本表參考。

[66]【今注】案，王先謙《漢書補注》謂西梁，信都縣，非鉅鹿。

[67]【今注】案，沈欽韓《漢書疏證》謂庶子，列侯屬官。《續漢書·百官志》“列侯置家丞、庶子各一人”。王先謙《漢書補注》稱後封東平思王孫寄生。

[68]【今注】案，王先謙《漢書補注》謂利鄉，涿郡縣，蓋先屬常山。

[69]【顏注】師古曰：“溱”音“臻”。

[70]【今注】案，王先謙《漢書補注》謂都鄉，常山縣，非東海。

[71]【顏注】師古曰：慮，音力於反。

[72]【今注】案，王先謙《漢書補注》謂昌慮，東海縣，非泰山。

[73]【今注】案，王先謙《漢書補注》謂國除後以封東平思王孫閔。

[74]【今注】案，王先謙《漢書補注》謂建陵，見志，先封衛綰。

[75]【今注】案，王先謙《漢書補注》謂東海有合鄉，無合陽。

[76]【顏注】師古曰：“承”音“證”。

[77]【今注】案，王先謙《漢書補注》謂東海有承縣，無承鄉，未詳。後封楚孝王孫閔。

[78]【今注】案，王先謙《漢書補注》謂琅邪有柔縣，無棗

縣。“柔”“棗”形近致誤。

[79]【顏注】師古曰：愿，音“願”，又音“原”。

[80]【顏注】師古曰：“瞵”音“鄰”。

[81]【今注】案，哀侯賀免，蔡琪本、大德本、殿本作“哀侯賀嗣”。

[82]【顏注】師古曰：“佼”音“狡”。

[83]【今注】案，王先謙《漢書補注》謂國除後以封東平思王孫武。

[84]【今注】案，王先謙《漢書補注》謂膠鄉，北海縣，非琅邪。後封東平思王孫武。

[85]【今注】案，王先謙《漢書補注》謂桃，信都縣，非鉅鹿。

[86]【今注】案，王先謙《漢書補注》謂安平，豫章縣，非鉅鹿，先封楊敞。涿郡有安平，非長沙封域。

[87]【今注】案，賀，蔡琪本、殿本作“賈”，大德本作“買”。

[88]【今注】案，錢大昭《漢書辨疑》稱《後漢書》卷一一《劉盆子傳》有“求軍中城陽景王後，得七十餘人，惟盆子與前西安侯劉孝最爲近屬”，表中城陽景王之後有要安，無西安，疑即此侯。西安，齊郡縣，非琅邪也。王先謙《漢書補注》謂錢說是。國除後封東平思王孫漢。

[89]【今注】案，王先謙《漢書補注》謂式，見志；或以爲當作“成”。

[90]【今注】案，錢大昭《漢書辨疑》謂《三國志》卷一四《魏書·劉放傳》“容”作“宏”。

[91]【顏注】師古曰：“歙”音“翕”。

[92]【今注】案，王先謙《漢書補注》謂後封東平思王孫不害。

[93]【今注】案，王先謙《漢書補注》謂石山，琅邪縣。

[94]【今注】案，陳景雲《兩漢訂誤》卷一謂嘉既免，不當有諡，“釐”字衍。

［95］【今注】案，王先謙《漢書補注》謂都陽，東海縣。

［96］【今注】案，陳景雲《兩漢訂誤》卷一稱侯再傳始奪，則嗣以善終，法當有諡，今奪去。王先謙《漢書補注》謂參封，琅邪縣。侯善終無諡者多，疑皆如陳説。

［97］【今注】案，王先謙《漢書補注》謂伊鄉，琅邪縣，後封東平思王孫開。

［98］【今注】案，王先謙《漢書補注》謂襄平，臨淮縣。

［99］【今注】案，《漢書考正》劉攽謂廣陽無屬王，當是"廣陵王"。

［100］【顔注】師古曰：貰音式制反。【今注】案，錢大昭《漢書辨疑》謂臨淮有射陽縣。"射"亦作"貰"。

［101］【今注】案，王先謙《漢書補注》謂中鄉，山陽縣。

［102］【今注】案，王先謙《漢書補注》謂鄭，山陽縣。

［103］【今注】案，王先謙《漢書補注》謂黃，山陽縣。此注濟陰，蓋封時所隸，後改屬山陽。

［104］【今注】案，王先謙《漢書補注》謂平樂，山陽縣。

［105］【今注】案，王先謙《漢書補注》謂葍鄉，山陽縣，非濟南。

［106］【顔注】師古曰：以穀貸人而多取其息也。

［107］【顔注】師古曰："溧"音"栗"。【今注】案，王先謙《漢書補注》謂漂陽，沛郡縣。"溧"，當爲"漂"，説見《地理志》補注。顔音誤。

［108］【顔注】師古曰：鰲，音力之反。

［109］【今注】案，四百二十户，蔡琪本、大德本、殿本作"四百七十二户"。又，王先謙《漢書補注》謂後封東平煬王子褱。

［110］【今注】案，王先謙《漢書補注》謂臨都，沛郡縣。

［111］【今注】案，王先謙《漢書補注》謂高，沛郡縣。

［112］【今注】案，王先謙《漢書補注》謂北鄉，齊郡縣。

［113］【今注】案，王先謙《漢書補注》謂"蘭陵"，當作

"蘭陽"。蘭陽，臨淮縣。

[114]【今注】案，王先謙《漢書補注》謂廣平，臨淮縣。

[115]【今注】案，錢大昭《漢書辨疑》謂父子同名，必有一誤。王先謙《漢書補注》引蘇輿，謂《文獻通考》無子名。

[116]【今注】案，王先謙《漢書補注》謂博鄉，九江縣。

[117]【今注】案，王先謙《漢書補注》謂柏鄉，鉅鹿縣。

[118]【今注】案，王先謙《漢書補注》謂安鄉，鉅鹿縣。

[119]【今注】案，牢，蔡琪本、大德本、殿本作"宇"。

[120]【今注】案，吳卓信《漢書地理志補注》謂齊郡無平縣，有平廣，注曰"侯國"，此脫"廣"字。

[121]【今注】案，王先謙《漢書補注》謂此與封東平煬王子旦之昌鄉異地。

[122]【今注】案，王先謙《漢書補注》引錢坫，謂琅邪有慎鄉縣，於膠東爲近。"慎""順"古通用字。"陽"蓋"鄉"之誤。順陽侯，底本殘，據蔡琪本、大德本、殿本補。

[123]【今注】案，王先謙《漢書補注》謂"樂陽"，當作"陽樂"。樂陽侯獲，底本殘，據蔡琪本、大德本、殿本補。

[124]【今注】案，王先謙《漢書補注》謂平城，北海縣。

[125]【今注】案，王先謙《漢書補注》謂密鄉，北海縣。

[126]【今注】案，王先謙《漢書補注》謂樂都，北海縣。

[127]【今注】案，沈欽韓《漢書疏證》稱《史記》卷四○《楚世家》有"吳之邊邑卑梁與楚邊邑鍾離小童，爭桑"。鍾離爲鳳陽府臨淮縣，今省入鳳陽。卑梁當在縣東。王先謙《漢書補注》謂先封廣川惠王子嬰，彼"卑"誤"畢"。

[128]【顏注】師古曰：恁，音女林反。【今注】案，膠東，蔡琪本、殿本同，大德本作"膠陽"。王先謙《漢書補注》謂膠陽，北海縣。

[129]【今注】案，王先謙《漢書補注》謂武鄉，琅邪縣。

[130]【今注】案，王先謙《漢書補注》謂成鄉，北海縣。與

封平干頃王子慶之成鄉異地。

[131]【今注】案，王先謙《漢書補注》謂麗，琅邪縣。"兹"字衍。

[132]【今注】案，王先謙《漢書補注》謂廣戚，沛郡縣，先封魯共王子將。

[133]【今注】案，王先謙《漢書補注》謂陰平，東海縣。

[134]【今注】案，王先謙《漢書補注》謂承鄉，疑即東海承縣。先封魯孝王子當。

[135]【顔注】師古曰：病狂而改易其本性也。元壽二年更封共樂侯。【今注】案，朱一新《漢書管見》謂"元"下九字，班自注，應移顔注前。王先謙《漢書補注》引蘇輿，謂"易"訓輕，讀爲《禮記‧樂記》"慢易"之易。顔讀如亦音，似非。

[136]【今注】案，王先謙《漢書補注》謂外黃，陳留縣。

[137]【今注】案，王先謙《漢書補注》謂平陸當即尉氏縣之陵樹鄉，前封劉禮者也。

[138]【顔注】師古曰：郚音魚，又音吾。【今注】案，王先謙《漢書補注》謂郚鄉，東海縣，後封楚思王子光。

[139]【今注】案，王先謙《漢書補注》謂建鄉，東海縣。

[140]【今注】案，王先謙《漢書補注》謂安丘，琅邪縣，先封張説。

[141]【今注】案，王先謙《漢書補注》謂栗鄉，山陽縣。

[142]【今注】案，楊樹達《漢書窺管》引梁玉繩《瞥記》，謂此與下就鄉侯皆思王孫，皆名不害，封年同，疑是誤重。

[143]【今注】案，王先謙《漢書補注》謂先封楊惲，表在博陽。

[144]【今注】案，王先謙《漢書補注》謂先封城陽荒王子勝。表誤作"要安"，在琅邪，志屬齊郡。

[145]【今注】案，王念孫《讀書雜志‧漢書第三》謂"桑丘"，當爲"乘丘"，泰山縣，與東平相近。

［146］【今注】案，王先謙《漢書補注》謂前封河間孝王子昌。

［147］【今注】案，王先謙《漢書補注》謂先封齊孝王子康，《侯表》在濟南，志屬勃海。

［148］【今注】案，王先謙《漢書補注》謂先封魯孝王子敞。

［149］【今注】案，王先謙《漢書補注》謂先封平干頃王子梁。

［150］【今注】案，王先謙《漢書補注》謂先封城陽戴王子遷。志屬琅邪。又陳景雲《兩漢訂誤》卷一稱此與上文湖鄉侯開、金鄉侯不害皆東平思王孫也，與伊鄉、就鄉兩侯同時受封，不應其名並同，前後當有一誤。

［151］【今注】案，王先謙《漢書補注》謂先封泗水勤王子璋。

［152］【今注】案，王先謙《漢書補注》謂先封高密哀王子漢，表在琅邪，志屬北海。

［153］【今注】案，王先謙《漢書補注》謂先封馮參。

［154］【今注】案，王先謙《漢書補注》謂樂安，千乘縣。

［155］【今注】案，王先謙《漢書補注》謂桃鄉，泰山縣。

［156］【今注】案，王先謙《漢書補注》謂新陽，東海縣。

［157］【今注】案，王先謙《漢書補注》引蘇輿，謂與上同日，“五”疑“正”之誤。

［158］【今注】案，王先謙《漢書補注》謂“陵石”，志無此縣，疑“陽石”之訛。陽石，東萊縣，膠東王子封當在此。

［159］【今注】案，王先謙《漢書補注》謂祁鄉，沛郡縣。

［160］【今注】案，王先謙《漢書補注》謂富陽，泰山縣。

［161］【今注】案，王先謙《漢書補注》謂曲鄉，山陽縣，非濟南。

［162］【今注】案，王先謙《漢書補注》謂桃山，泰山縣。

［163］【今注】案，王先謙《漢書補注》謂昌陽，臨淮縣。東萊亦有昌陽，距泗水遠。

［164］【今注】案，王先謙《漢書補注》謂臨安，琅邪縣。

［165］【顏注】師古曰：炔，音“桂”，字或作“快”。【今

注】案，錢大昭《漢書辨疑》謂本書《王莽傳》與荀悦《漢紀》並作"快"。

[166]【今注】案，王先謙《漢書補注》謂徐鄉，東萊縣，非齊。

[167]【顏注】師古曰：畛音軫。【今注】案，王先謙《漢書補注》謂臺鄉，齊郡縣。

[168]【今注】案，王先謙《漢書補注》謂西陽，山陽縣，非東萊。

[169]【今注】案，王先謙《漢書補注》謂此與封楚思王子護之堂鄉異地。

[170]【今注】案，王先謙《漢書補注》謂安國，中山縣。

[171]【今注】案，王先謙《漢書補注》謂梁鄉，涿郡縣。"良""梁"通用。

[172]【顏注】師古曰：緼，音於粉反。

[173]【今注】案，王先謙《漢書補注》謂廣昌，代郡縣。

[174]【今注】案，《漢書考正》劉攽謂廣陽無惠王，疑是思王。

[175]【今注】案，"三"當是"二"之誤。綏和僅有二年（前8—前7）。

[176]【今注】案，錢大昭《漢書辨疑》謂信二子穀鄉侯章、德廣侯鮪，見本書卷八四《翟義傳》，當是莽居攝時封，故表弗録。

[177]【顏注】師古曰："慢"音"受"。【今注】案，王先謙《漢書補注》謂武安，魏郡縣。

[178]【今注】案，王先謙《漢書補注》謂《續漢書·郡國志》湘鄉屬零陵，緣此復設；今縣屬長沙。

[179]【今注】案，錢大昭《漢書辨疑》謂《文獻通考》卷六二二《封建考七》作"長沙孝王子"，此脱"孝"字。

[180]【今注】案，錢大昭《漢書辨疑》謂卷三五《燕王劉澤傳》有"哀帝時繼絶世，乃封敬王澤玄孫之孫無終公士歸生爲營陵侯"，此表失載。

[181]【今注】案，王先謙《漢書補注》謂先封梁敬王子固。

[182]【今注】案，王先謙《漢書補注》謂此與封膠東頃王子憲之昌鄉異地。

[183]【今注】案，王先謙《漢書補注》謂先封清河綱王子豹。

[184]【今注】案，王先謙《漢書補注》謂先封魯頃王子閔。志屬東海。

[185]【今注】案，王先謙《漢書補注》謂此與封膠東共王子恢之堂鄉異地。

[186]【今注】案，王先謙《漢書補注》謂成陽，汝南縣，先封趙臨。

[187]【今注】案，錢大昭《漢書辨疑》謂《後漢書》卷三九《劉般傳》作"原鄉侯"。王先謙《漢書補注》謂安陸，江夏縣。

[188]【今注】案，錢大昭《漢書辨疑》謂《後漢書》卷二四《馬嚴傳》注引《東觀漢記》云建武三年（27）"曹貢爲梧安侯相"，則光武初其國尚存。

[189]【今注】案，錢大昭《漢書辨疑》謂本書《王莽傳》有扶恩侯劉貴，師古云"不知誰子侯"；"貴""普"形近，疑即此侯。表、傳封地微不同，蓋有一誤。

[190]【今注】案，王先謙《漢書補注》謂方城，廣陽縣。

[191]【今注】案，王先謙《漢書補注》謂此非南郡之當陽縣。

[192]【顏注】師古曰：虔，音竹二反。

[193]【今注】案，王先謙《漢書補注》謂《續漢書·郡國志》昭陽屬零陵，緣此復置。

[194]【顏注】師古曰：承，音"烝"，字或作"丞"。

[195]【今注】案，王先謙《漢書補注》謂先封楚安王子成。